人類の誓い

久松真一

法藏館

ブダガヤ菩提樹下に坐する著者

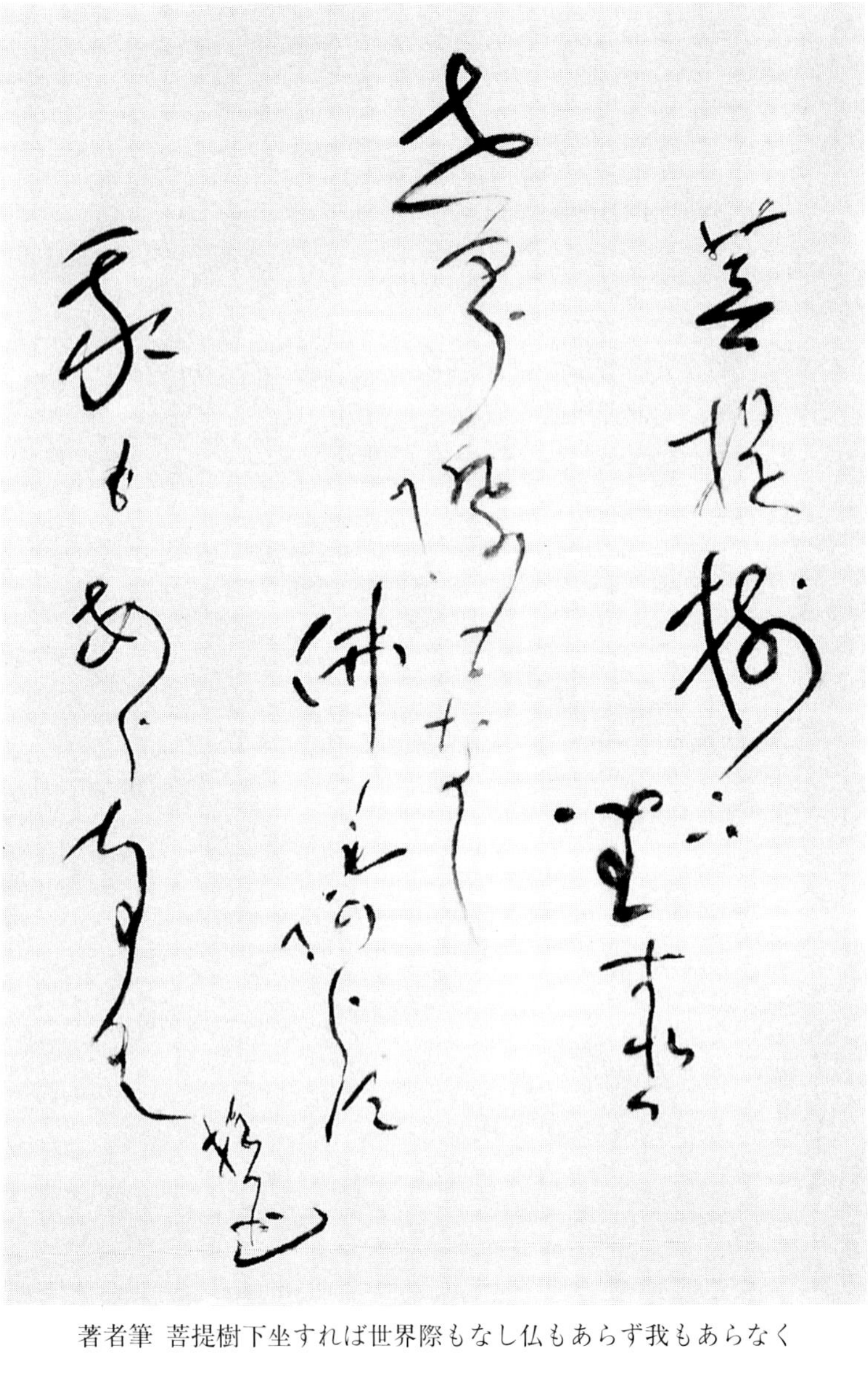

著者筆 菩提樹下坐すれば世界際もなし仏もあらず我もあらなく

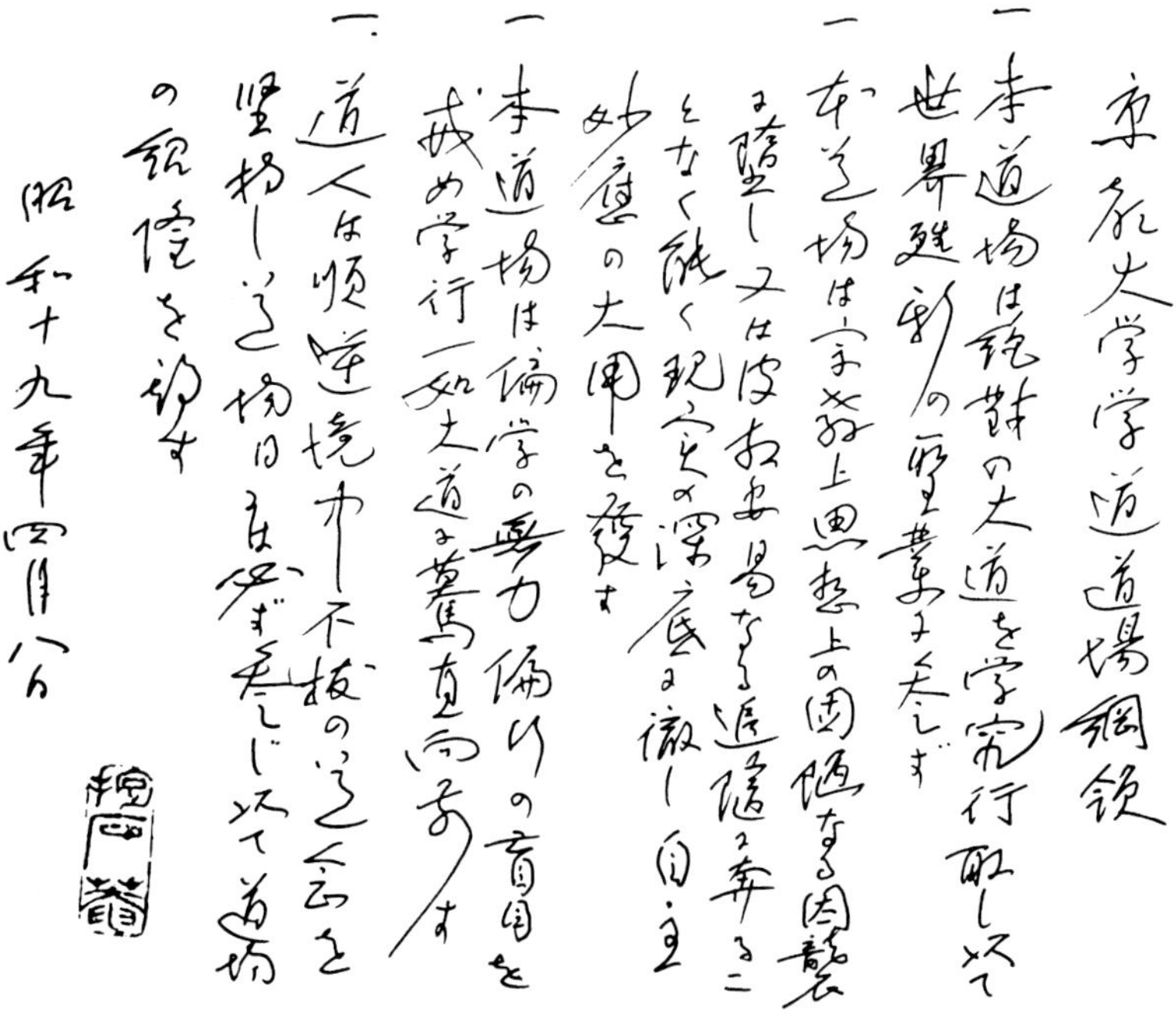

著者筆　京都大学学道道場綱領

京都大学学道道場綱領

一　本道場は　絶対の大道を学究行取し　以て世界甦新の聖業に参ず

一　本道場は　宗教上　思想上の固陋なる因襲に堕し　又は　皮相安易なる追随に奔ることなく　能く現実の深底に徹し　自主妙応の大用を発す

一　本道場は　偏学の無力偏行の盲目を戒め　学行一如　大道に驀直向前す

一　道人は　順逆境中　不抜の道念を堅持し　道場日には必ず参じ　以て道場の紹隆を期す

昭和十九年四月八日

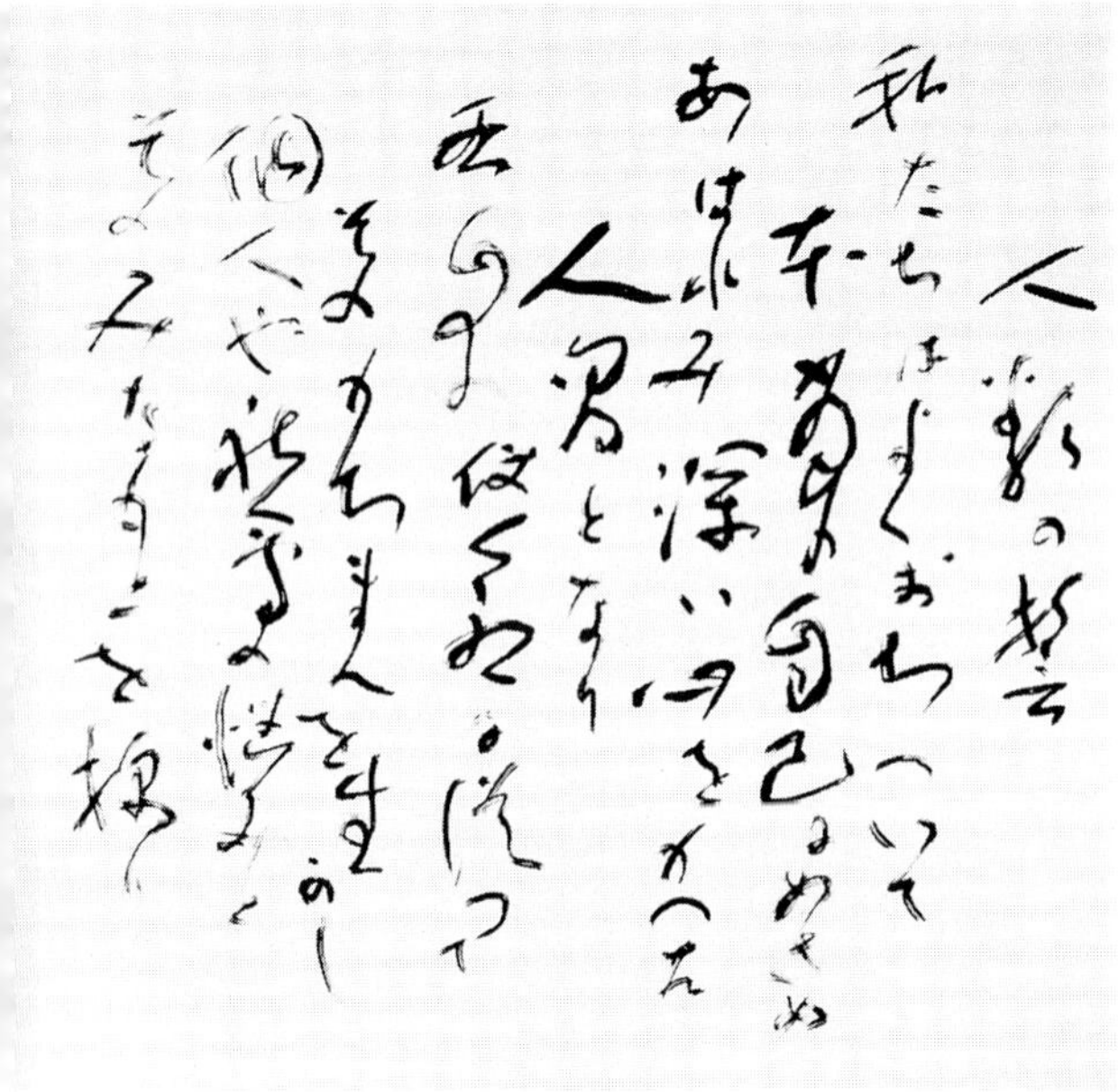

著者筆『人類の誓』

人類の誓

私たちは　よくおちついて
本当の自己にめざめ
あはれみ深い心をもった
人間となり
各自の使命に従って
そのもちまへを生かし
個人や社会の悩みと
そのみなもとを探り

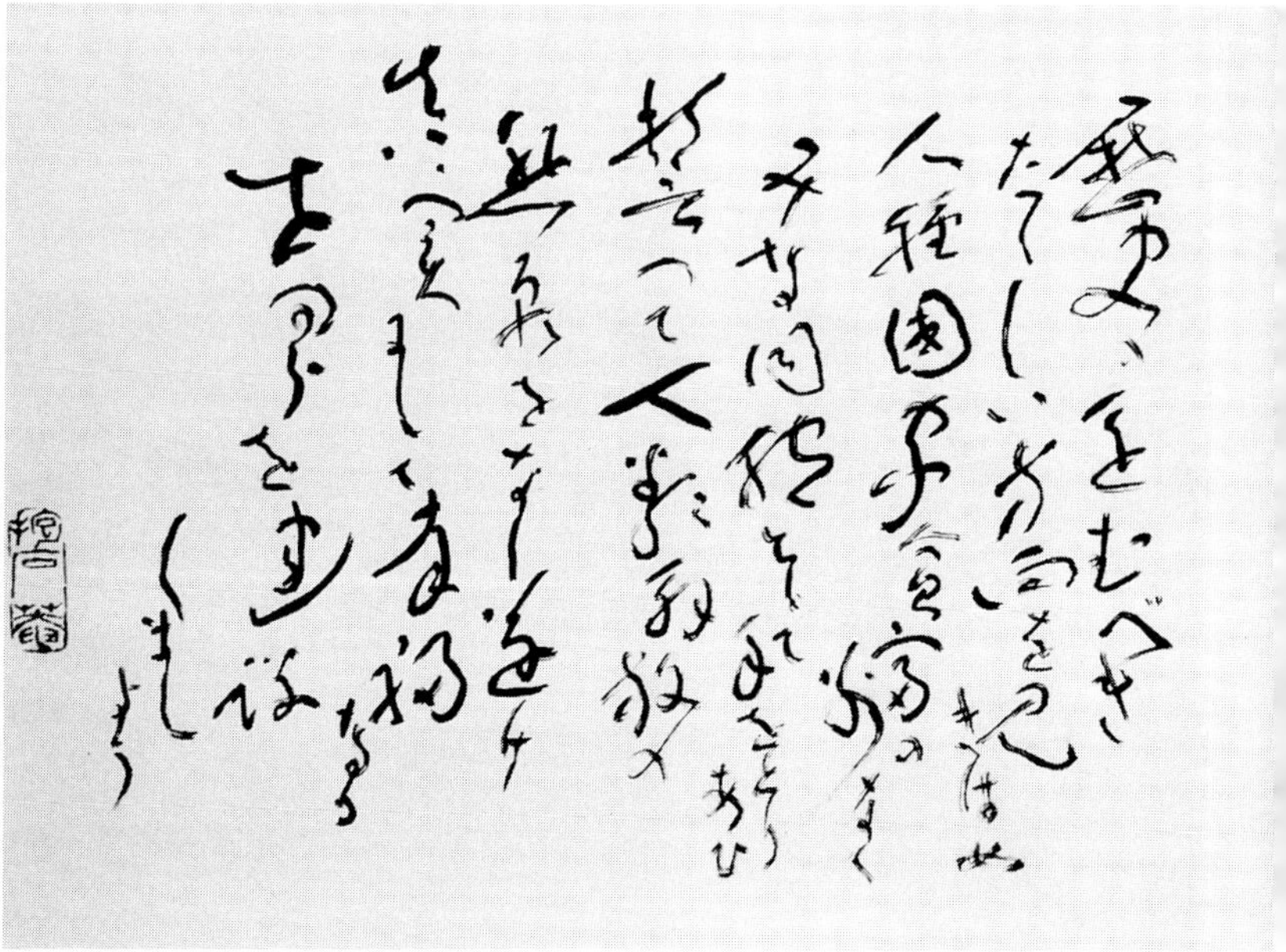

歴史の進むべき
ただしい方向を見きはめ
人種国家貧富の別なく
みな同胞として手をとりあひ
誓って人類解放の
悲願をなし遂げ
真実にして幸福なる
世界を建設しましょう

The OATH of MANKIND

Keeping calm and composed, awaking to our true Self, turning ourselves into human beings full of compassion.

Developing our nature according to our respective missions in life, discerning the agony of society as well as the individual and tracing it to its fountainhead, pursuing the right direction in which our history should follow.

Holding hands all together as brethren without distinction of race, class, or nationality, and attaining to the full our heart's desire for the emancipation of mankind.

Let us establish the World which is true and happy.

人類の誓い　目次

人類の誓い

人類の誓い　(一)

――その成立の由来――

本日は、ただ今印刷したものをお渡しいたしておきました、この『人類の誓い』というものの成立の由来とでもいうようなことにつきまして、お話し申し上げてみたいと存じます。

このＦＡＳ協会とただ今申しております団体は、京都大学仏教青年会から学道道場へ、そして学道道場からＦＡＳ協会へという、そういう成立の由来をもって発展してきた団体であります。ちょうど太平洋戦争中に京都大学の文学部に仏教青年会というのがありましたのでございますが、その仏教青年会の会員の方々が、戦争の真最中の時期でもありますし、もう少し今までの仏教青年会よりも充実したものにしたいという希望から、仏教青年会という名称も学道道場という名称に変えまして、そして新たに組織をつくったものであります。で、その当時の会員方の考えでは、どうも大学の講義だけでは学問という方から申しますと結構でありますけれども、しかしどうも行《ぎょう》の方面というものは大学ではほとんどなされることがないんで、それで学問とそして行というものとを両方兼ね備えた仕方、つまり学と行というものを一如的にやって行くという仕方が必要だと、こういうことであったわけであります。まあ、学問の方は大学の講義なんかで出来ますが、行の方が大学の所定の学課ではいけないわけでありますから、それで特別にその方を自分たちで補おうということで、その行ということに端坐というものを取り入れまして、まず坐ろうということになったのであります。

しかし坐るということも、ただ坐るということだけでもいけないからして、論究というのをやろうということになり、こういうことで学道道場といたしましては、坐るという行とそして論究というものと両方を道場の行事といたしたのであります。そして大体一週間に一回ずつ、論究とそれから端坐というものをいたしてきたのであります。その際に一つ綱領を作らなくてはいけないということで、それで学道道場の『綱領』をつくったわけであります。その『綱領』と申しますのは、ここであらためて申すまでもないんでありますが、「一、本道場は絶対の大道を学究行取し以て世界更新の聖業に参ず。一、本道場は宗教上思想上の固陋なる因襲に堕し又は皮相安易なる追随に奔ることなくよく現実の深底に徹し自主妙応の大用を発す。一、本道場は偏学の無力偏行の盲目を戒め学行一如大道に驀直向前す。一、道人は順逆境中不抜の道念を堅持し道場日には必ず参じ以て道場の紹隆を期す。」ということであります。

で、「絶対の大道を学究行取し、以て世界更新の聖業に参ず」という、そういうのが一番はじめに打ち出してあるわけでありますが、それが当時の道人一同の第一に念願するところでありました。それはつまり「絶対の大道」というものはどういうものであるか、われわれの本当に行なってゆくべき道というものはどういうものであるか、これを「学究行取する」ということでありました。先ほど申しましたように、ただ学問だけでは非常に行が欠けるということになりますからして、「学究行取し」というわけであります。どうも普通の行というものは、とかく宗教一般についてそうなのでありますが、ややもしますというと、学問性とかあるいは客観性とかいうもののないような盲信とか盲行とか申しますか、そういうようなものになりやすいのでありますからして、学問の方に行というものが入り、また行というものの方に学問が入るというふうに、両方が一つになったような方法でいきたいということで、「学究行取」というような言葉を使ったわけであります。そうしてそれはどういう目的かと申しますと、それは「世界更新の聖業に参ず」ということであります。世界というものをあらたにしてゆく、いわば世界を本当の世界というものにしてゆくということに参じてゆくんだということで、「世界更新」というような言葉を使ったわけであります。これはその当時の道人のうちからおのずと出て来ました目標でありました。それを実はこの今日《こんにち》、この二十年の間やって来ているわけでありまして、今日《こんにち》やはりこの論究というものと実究ということをいたしておりますのもはじめからそういうことで、なんとかして「絶対の大道」というものがどういうものでなければならないかということをつきとめようとするからであります。これもただ過去にある既成のものをそのままただ信ずるとか、あるいはそのままのものを用いていくとかいうようなことでなしに、十分批判的にまた建設的に「絶対の大道」というものが何ものであるかということを窮めてゆこうと、それには先ほど申しましたように、学問というものと行というものと両方兼ね備えた仕方でそれを求めてゆこうと、こういうことであったのであります。そこに出発点からこの協会というものが、クリスト教とか仏教とかいうような非常に高い宗教でありましても、なんらかの宗教をそのまま信じてゆくというようなことでなくして、自由にですね、クリスト教も批判すべきは批判してゆく、仏教も批判すべきは批判してゆく立場に立っていたわけであります。何処までもそいつを批判し、また一面批判するということも頭で批判するとか、学問で知識的に批判するとかいうだけでなしに、行でもっても批判していくということであったわけであります。

行による批判ということは実は非常に大事なことであり、主体性を確立してゆくというようなこと、あるいは本当の人間形成というようなことでありますというと、知的に批判するということと同時にですね、行でもって批判していく、行的に批判するということが非常に大事なことだと思います。ですから、批判も知的-行的に批判して、そしてそれでもってそこから建設されるものも知的なそして行的な建設、建立《こんりゅう》ということになってくるわけでありまして、そういうものであってはじめて本当に実質ある生きた道というものに到ることが出来ると、こういう狙いなのであります。

こういう狙いというものは、その当時も今日《こんにち》も、これはこちらといたしまして変わらないものになっていると思うんでありますが、そういう仕方でですね、ずっと戦争中も熱心に爆撃下――まあ京都は幸いに爆撃は受けませんでしたけれども――空襲下と申しますか、あるいはまた、終戦後の非常に苛烈な時もそこを切り抜けてやって来たわけであります。過去をふり返ってみますと、或る時には非常に盛んであった、会員も非常に多くて、集まりも非常に多かった場合もありますが、また或る時は非常に少なかったような場合もありまして、時期によりましてそういう消長というものがありましたが、しかしなかに一本貫いておるものは、これは決してそういう消長というものではなくして、何処までも筋金の通ったものであったと、私は顧みて確信いたしているのであります。

そういうふうにして、皆が真剣に本当の道を求めてやって来ましたのでありますが、そうしてその間にだんだんとそういう道というものの在り方というものも具体的に明らかになってまいりまして、そういうものが具体化されるというような段階に進んできたわけであります。まあとかく、ものの具体化して来ますはじめは混沌としたようなものであるのが普通でありますが、その混沌というものが単なる混沌ではなしに、そのなかに実質をもって来るようなことになってまいりますというと、その内部にあるものが今度はっきりと表へあらわれるというようなことになってまいります。いわば混沌というものが結晶してくると申しますか、次第に内部からして具体的なものが明瞭になってくると、こういうことになる。そこで出来ましたのが、この『人類の誓い』と申しているものであります。それは、先ほど印刷したもので見ていただきましたのでよくおわかりのことと存じますが、この「私たちは、よくおちついて、本当の自己にめざめ、あわれみ深いこころをもった人間となり、各自の使命に従ってそのもちまえを生かし、個人や社会の悩みとそのみなもとを探り、歴史の進むべきただしい方向を見きわめ、人種国家貧富の別なく、みな同胞として手をとりあい、誓って人類解放の悲願をなしとげ、真実にして幸福なる世界を建設しましょう」という、これなのであります。

この『人類の誓い』と申しますのは、非常に深いものであって、しかも最も平易なもの、そういうことで出来ているわけでありまして、掘り下げていけば、どれだけでも徹底的にその窮極まで掘り下げていけるものでありますが、しかしながらそれが言葉にあらわれている面は一応新聞でも読める人ならば誰でもわかる、つまり普通の常識でもってそれが一応わかるというものであり、そしてわかってその限りにおいてでも、それをいわば自分の生活の原理としていっても、それで十分役立つようなものであります。しかしごく常識的なことというものは、どうかしますというと、少し突っ込んでいくともうそのへんは誤りになってしまうとか、答えることが出来ないとかいうようなものになりがちなものであります。平易なとか、易いというようなことは、そういうものであるのが普通でありますが、そういうものではですね、「絶対の大道」とか、われわれの窮極の立場、落ち着き処とするにはどうも十分でないんであります。何処までも人間なり世界なり歴史なりというものの最も根本的なところ、そういういわば根本原理とでも申しますか、そういうものでないというと、本当のわれわれの基盤とするには足りないものでありますからして、そういう点は一応難しくても、いや如何に難しくても、難しければ難しいほどかえってそれはいいんであります。深いものとか、非常に緻密なものっていうものは、難しいにちがいないものでありますからして、そう手取り早くそういうものはわかるものではない。

そういうものがないことには、表面にたやすく出たものもですね、非常に脆いもの、ちょうど砂上の楼閣といったようなもので、砂の上に建てたようなそういうものでありますならば、如何に外観は立派に見えましても、基礎がしっかりしていないものでありますから、そういうものを頼ることは出来ない。だからそこに、私どもの「学究行取」ということが、非常に難しくなってゆくゆえんがあるわけであります。単に難しいんじゃない。どちらから批判しても、いろいろに知的に行的に縦横《たてよこ》十文字から批判しても、ビクともしないような、そういう基盤というようなものでなければいけないわけでありますから、ついFAS協会というものは何かわかりにくいもの、あるいはまたFAS誌にしても読みにくいとかいうようなこともいわれるのでありますが、しかし私どもとしましては、よくわかっても浅いようなものをわれわれの立場とすることは出来ないわけであります。

それだけに、「絶対の大道を学究行取する」とか、人間の真の在り方、世界の真の在り方、歴史の窮極の在り方というようなものを探求していきますについても、これは実に容易ならぬことであります。既成のものを使いましたら、それで楽でありますけれども、何かクリスト教のバイブルでありますとか、仏教の経典でありますとか、そういうようなものを貴いものとして、そしてそれを信じてそこに立つといったら、それでまあ一応いいようなものでありますし、今の宗教は――クリスト教にしましても、仏教にしましても――大体そういうようなことになっているんであります。が、そういう何か既成のものをドグマ的に仮定し、まずこれに依ってということが出来ないのが、私どものこの会員たちの性格といいますか、そういう人柄と申しますか、とにかく業《ごう》なのであります。

そういう者たちが寄っておるものですからして、無批判に何かを肯定するということは、これは絶対に出来ない。私自身も実はそういう経歴をもっておる一人なのでありまして、それだからこそ私も、会員がそういう批判的な、建設的な、自由な立場に立って、そして真実のものを求めていくという、そういうなかに一緒に道を求めてくることが出来たわけであります。私はその点、この会の中で二十年間育ってきたということを非常に有難いと思っているのであります。

そういうふうでですね、平易なことであってしかも深めていけばどれだけでも深めていけるというようなもの、そういうようなものでなければ、どうしても実際に実践というものに力強く打って出ることは出来ないわけであります。そういうような意味をもって、『人類の誓い』というものをつくったというより、そういうものが内から自然に出来てきたわけであります。今日《こんにち》でもこちらで必ず会の時にはそれを念頭に置いて、そして皆で誦してきているような次第であります。

この『人類の誓い』というものの根本となりますのは、はじめの一句で、「私たちはよくおちついて本当の自己にめざめ、あわれみ深いこころをもった人間となり」ということに尽きるわけでありま す。普通には落ち着きというようなことは、そわそわしているということではなく、ごく相対的であっても落ち着いているということで、そこに主体性を失わないというような意味の落ち着きというものはあるわけであります。とかく落ち着かないということは、そわそわして、しっかりと自分というものがそこに立っていないということになる。落ち着くということは、どういう場合にでも、非常にいいことであります。そしてその落ち着くということが、どういうふうに落ち着くならば、本当の落ち着くということになるのか。窮極の落ち着きというものは、どういうものであるのか。そこで、落ち着くといったところで、普通の落ち着きというものはどうしても動揺するものであってですね、或る時には落ち着き、或る時には落ち着かんというようなことにもなるわけで、まあ、これは程度的なものになりがちであります。が、そういう落ち着きというのでは、それはまだいけないんで、徹底落ち着くというのでなければなりません。窮極の落ち着きというものはどういうものになりますかというと、これはやっぱり、そこをつまり窮めてゆかなくちゃいけない。落ち着きということから入りましても、そこできわめて深く入ってゆかなくちゃならないところであります。その窮極の落ち着きというものは、やはり、どういう場合にでも落ち着いているというような落ち着きでなくちゃならない。ただ坐っている時だけ落ち着くとか、静かなところでは落ち着いているとか、そういうことでは、本当の落ち着いていることにならないのでありまして、如何なる場合にもそれが落ち着いているというのでなければなりません。それは、静かなところとかあるいは騒がしいところとかそういうことにかかわらず、なんどきでも落ち着いている。あるいは死が来ても、生死というものに直面しても、それが落ち着いている。

こういうようなことになってはじめて、本当の落ち着きというものがあるのであります。それは頭でそういうわけじゃいけないんで、自分自身がそういうものにならなくちゃならない。そこにやっぱり、ただ考えただけじゃなしに、実際にそこに行《ぎょう》というものがなけりゃならないわけであります。

そういう根柢というものに本当の自己というものがある。むしろ、本当の自己というものにめざめることによって、そういう落ち着きが出来てくる。落ち着きというものは何か一つの事柄のようでありますが、本当をいいますというと、落ち着きといった場合、一切をそこにふくんだような、一切がそこで解決されるようなものでなければ、本当のものでないんであります。そこが本当の自己にめざめるというところで、本当の自己、真の自己というものの所在であります。

どういう自己がそういう自己かといいますと、そこがこのこちらでいう無相の自己、形なき自己というようなことになってくる。その形なき自己というものにめざめるということによって、その落ち着きが窮極の落ち着きになってくる。で、落ち着きということも、ただ普通に落ち着いてじっとしていることではなくして、それが無限のはたらきというものになってこなくちゃならない。自己の無限なはたらき、自由なはたらきということになって出てこなくてはいけない。そうしてその自由なはたらきというものになって出てくるところ、そこに「あわれみ深いこころをもった人間となる」ということがある。

そういうはたらきの心情と申すもの、そういうものが出てくるわけであります。ですから、分けていいますならば、「本当の自己にめざめる」ということは、根本主体と申しますか、そういうものになることであって、それは体《たい》である。そして、「あわれみ深いこころをもつ」ということは、それは用《ゆう》というはたらきであります。つまり、体と用ということになってくるわけであります。

この「あわれみ深い」ということは、慈悲とかあるいは愛とかいうようなことになるわけでありますが、はたらきというものの中に、そういう愛とか慈悲とかいうものがなけりゃいけない。それはしかし、真の自己というもののうちにおのずから含まれているものであって、真の自己というものは、のと離るるものではない。で、なにかとってつけたようなものではない。本当の自己というものは、内面的な必然性をもってそういう愛というものになるわけであります。で、そういう人間となるということで、そこに人間性という全体というものが充実さるるということになるわけであります。そうしてそういうはたらきというものをいろいろと具体的な方面に分けて見ますと、そこから『人類の誓い』のあとの面が出てくるわけであります。

そういう、誰でもそうでなければならない人間性の上に、また、そこでその人その人の個人というものが成立してくるところで、皆がそれぞれの天分を生かしてくる。そしてその生かすということには、やはり、いろいろな人間の悩みというようなものを知るということがなければなりません。個人的な悩みも社会的な悩みというものも知り、またそういうものが起こって来る最後のところ、根柢というものがどこにあるかということを探らなければなりません。これには相対的にいろいろな原因というものがありますが、そういうものの一番の根源というものがどこにあるか、「個人や社会の悩みとそのみなもとを探ら」なければなりません。みなもとといいましても、本当に一切の悩みだとか、あるいは矛盾だとか、ディレンマとかいうようなものの起きて来ます一番の根源というものが解決されんことには、結局それは個別的な解決に過ぎないことになりますからして、そこのところは、やはり、「絶対の大道」なんていうようなことを申しますように、窮極の悩みの一番の根源というものは一体どこにあるかということを探らなければなりません。それをここにやはり打ち出しているわけであります。一切の悩みというものの起こってくる根源といいますか、その根源をたずねて、それを打ち破る、その根源というものを除くということでなかったならば、結局いわば永久に悩みというものを重ねてゆくということになり、一度に根本的根源的に悩みを断ち切るということは出来ない。がそういうことはすでにもうそこに含まれているわけでありまして、それはですね、今の「本当の自己にめざめる」というところで根源的な悩みというものも断ち切られるというところがあるのであります。

そこはその、非常にここで大事なところになるわけであります。本当の自己にめざめることによって、われわれが根源的に一切から解脱するとか、脱却するとか、救われるとか、こういうことになる。宗教というものは本当はそういうものでなくちゃならない。悩みというようなものが根本的に断ち切られた人間というものになるということでなければならないと思うんであります。そういう点について今日のいろいろな宗教というものを批判してみますならば、永久の未来において断ち切ることが可能になるとか、あるいは根本的に断ち切れるものではないとかいうような、そういう救済観とかあるいは解脱観とかいうようなものになってくるんでありますが、私どもはやはりそういうことでは満足は出来ないのであります。一断一切断という言葉があり、一度に一切を断ち切って、そして一成一切成というのでなければなりません。それで一切が成り立つというような、そういうことでなければなりません。一切から救われたあるいは解脱した人間になって、そうして自由にはたらいていく、自分の使命というものを全うしていくとか、あるいは歴史を創《つく》りあるいは世界を創っていくとか、こういうようなことになる。そういうのが本当の宗教というべきものだろうと思うんであります。だから、一切が解決されたところからはじまる生活というもの、これが本当の宗教的生活というものでなくちゃならない。

そして社会的生活ということから申しますと、世界全体の人間というものがそういう人間というものを本来の在り方としてゆく。それは、誰でもの真実の在り方である。そこに「手をとりあう」場というものが出て来るわけでありまして、真実の「手をとりあう」広場というものは、それはその、誰でもの真の自己のところにある。誰でもの真の自己というものがそこにおいては平等であるということが、誰でもが「手をとりあう」根柢というものになってくる。こういうことになるわけであります。全人類の立場に立つということも、そういうところにあるわけでありま す。

そして、歴史というようなものも、そういう自己というものの無限なはたらきとして歴史というものがあり、またそれが創られるということになって来なければならないのであります。歴史を創る主体というものはそういうもので、常に創りながら創るものを超え、超えながら創る。みずから創りながらその創られたものに拘束されることがないような創り手というものは、どうしても真の自己というような、無相の自己というようなものでなければならない。こういうところから、歴史を超えて歴史を創ると、こういうようなことがいわれるのであります。

そういうわけでですね、形なき自己（Formless self――F）というものを根柢として、そしてそれのはたらきとして全人類（All mankind――A）の立場に立って、世界を形成する、つまり歴史を超えて歴史を創る（to create Suprahistorical history――S）というような、そういう無限な自由な歴史的主体となってはたらいていくと、こういうことになるわけであります。そこでこのＦＡＳ

ということも『人類の誓い』のなかに実は含まれているわけでありますし、またＦＡＳというなかには『人類の誓い』というものがＦＡＳという三つの標語となって含まれているわけでありまして、『人類の誓い』とＦＡＳというものとは、これは全く内容上一つのもので、両方はなれたものではないわけであります。それで、最も簡潔な標語としましては、ＦＡＳということになる。それの内容というものを少し詳しく述べたというのが、『人類の誓い』ということになるわけであります。

そういうことで、「真実にして幸福なる世界を建設しましょう」という『人類の誓い』の最後の言葉があるのであります。ただいわゆる幸福だけを求めようとする倫理のようなものでありますというと、これはどうも幸福説という倫理学説のもっております欠陥というようなものと同じような欠陥というものがあるわけであります。ただの幸福ではなくして真実であり、真実であってしかも幸福であるのでなければなりません。真実であってしかも幸福なというような、そういう世界というものを創ってゆくのでなければなりません。そういうことでですね、二十年の間に求めてきたものが、そういうかたちで生まれてきたと申してもよろしいと思うのであります。

しかし、その『人類の誓い』というもののもう少し詳しいところを、われわれはやはりわかる人にわかるようにしなくてはなりません。その点は、今まで学道道場の出しておりましたパンフレット（第八巻収録のパンフレット『無』および『禅とは何か』参照）というものがそういう主旨というものをもう少し詳しく述べたものでありますし、ただ今また、そういうものをさらに第二、第三というふうにつくりつつ――これは無論作文じゃない、内にあるものを出すというわけでありますが――あるのであります。そういうことで第二、第三というふうにそれの計画を現在しているわけでありますが、そこにFASの哲学と申しますか、あるいはFASの宗教というようなものの、その解明がなされることになっている。そういう点は――まあこれはいろいろな面がありますから――ますます今後探究して、それを発表してゆかなくちゃなりませんし、ロックフェラー財団の助成金によるFASの綜合研究（創文社刊『禅の本質と人間の真理』）というものもですね、そういうことを目指しているものであります。ごく自由な立場からして真理というものの所在、本当の在り方を、いろいろの専門の分野のスタッフが究明していこうとしているわけであります。つまり、FASの真理というものを解明してゆく、あるいはそういうものを自由に探求してゆく、そしてその結果というものを見る、あるいは発表するというようなことを目標としているものであります。これは非常に大きな問題であります。これは今日ではやはり日本だけではいけない。東西両洋にわたりまして、そういう研究というものがいろいろな分野からしてなされてゆかなくちゃならない。こういうふうにこちらの協会の方では考えているわけでありまして、なかなかそういう点、前途遼遠であります。

それと同時に、われわれの方でFASという一つの目標というものが立ちました以上、そういうものをまた世界に放り出して、そしてそれによって世界を批判する、また放り出すことによって世界から批判される。批判さるべきものは批判される、それにこちらから解明すべきものは解明してゆく。そういうふうにしてですね、そして本当に人間を創り、また世界を創り、歴史を創ってゆくという、そういうことを果たしてゆかなくちゃならないと思う。

そういうのが現在のこのＦＡＳ協会の進むべき方向でありまして、この二十年間というものをまた一つの好機にいたしまして、チャンスにいたしまして、そしていろいろな面で活潑にこの協会の運動というものを進めてゆかなくちゃならない。そういうことに協会の方では決めてきたわけでありますが、そういうのも二十年の歴史からおのずとそこへはっきりとしてきたわけであります。

どうか今日《こんにち》お集まり下さいました皆様方におかれましては、こういう協会の意図というものを御理解頂きまして、ますます御研鑽下さいますよう、願って止まない次第であります。

人類の誓い　(二)

——開かれたる道場へ——

気象予報を見ますというと、今日は、日本へ台風が上陸するかも知れないということでありますが、私ども道場が、人類の危機と不安とを何とかしたいという気持ちでこの講演会を開きますことの、何か象徴的な意味があるようでありまして、実に今朝ほどから感深く思っているような次第であります。

先ほどから、『道場の生い立ち』につきまして、阿部道人が話してくれられましたように、私どもは昭和十九年の四月八日のちょうど釈尊の降誕会を期しまして、道場の結成式を致しましたのでありますが、今日までちょうど足かけ八年——満七年の間、個人の真実の在り方、また社会の真実の在り方というものを、既成の宗教とかあるいは思想というようなものにとらわれず、また必ずしも新しい思想をただ流行的に追うというようなことをも警戒致しまして、お互いに自由な立場から究明して参りました。実践と論究とが離れないように致しまして、実践が論究に通うと同時に、論究がまた実践に通うようにということを心がけたわけであります。私どもの方ではそれを「学行一如」と申しているのでありますが、ただ、われわれがあたまで知りましただけでは、私どもの血となり肉となって私どもを働かしてゆくということがありません。それで、学究というものが単なる学究になりますというと、これは力を失って参ります。また実践というものは、これも知的な十分の準備がありませんことには、これは盲目になりがちなものであります。しかし、この実践が知識というものを根柢にもち、知識が実践を根柢にもって来るということは、これはなかなか事実上は言うことは易くして、本当には難しいことであります。けれどもこれは難しくても、何としてもなされなければならないことでありますので、私どもの道場ではそういう困難を何とかして克服して、学と行とが一如になるようにということを念願致しまして、今日に至っているのであります。

皆様も、この意図についてはもっともなことだと思って頂けるだろうと存じますが、学校というものは、やはり実践の面が欠けがちであり、宗教というものはまた知識の面が欠ける。そのために、宗教もその充全な働きをしてゆくことが出来ませんし、学校もその教育の面で非常に不備なものになって来ているのであります。今日は学校も宗教の修行も、その点におきまして、多分にそういう欠陥を暴露している。今日の知識人は求めながら宗教に入ることが出来ず、また宗教人は知識というものが分からない。知識的に言葉が通じないというようなことになって、修行をしながら非常に不満を感じているといった状態であります。

それで、どうしてもこの二つが、今日はお互いに相補わなければならない、一如的になって行かなければならない大事なことがらであると思います。私どもは、そういう現代の学問と宗教というものの欠陥を自覚致しまして、「学行一如」ということを求めて来ているのであります。

それでは、そういう私どもが「学行一如」でやって来ました結果、一体どういう結論に到達したであリましょうか。その点を皆様にお聴き願いまして、私どもの道場の存在の意義というものを知って頂いて、御協力を願いたいと思うのであります。

私どもの達しました結論と致しましては、これを「真実の人間の在り方」と言うことが出来ると思います。一体、人間というものをよく反省致してみますと、非常な、これは広さと深さとの両面を持ったものであると、言わなければならない。深さというのは、これはニヒリズムに徹してゆく方向である。つまりニヒリズムに徹して、そのニヒリズムを克服するというような、そういう深さというものを人間は持っている。どなたもそういうものを、実は自分の底にお持ちになっているのでありますが、しかし、普通はそれに気づかずにいるわけである。人間が反省を重ね、自己を掘り下げて行けば行くほど、人間がそういう深みというものに自分自身を見いだすのである。世界で、人間の深みを本当に自分に体得した人としましては、クリストのごとき、釈迦のごときがその典型的な人であると言っていい。これは人に知られた典型的な人であると言っていいと思いますが、その釈迦に致しましてもクリストに致しましても、そういうわれわれに気のついていないで、しかも人間の底に横たわっているニヒリズムというものを、気づかせ、知らせようとして、それが人間の無知であるということを、われわれに警告してくれているのである。われわれは、それを知らされましても、それを自分に身にしみて体感するということは、なかなか困難なことでありまして、ただ、それを知識で知るだけである。もっとも、あたまで一応それを知る、ああそういうものかと知ることも、その知るということ自体は、それがわれわれにとって有難いことであり、尊いことなのでありまして、それで、昔から法を聞くということは有難いことである。その有難さをわれわれは感謝しなければならないということを、言われているのでありますが、これは単に言葉ではありません。とにかく、われわれはそういう人間の深みというものを知らされているのであります。

しかし、その知るということも、ただ単に知的にそれを知ったというだけでは、とうていその知らされた有難みというものが、われわれに湧いて参りません。それで、私どもは本当によくおちついて、自分自身の日常の在り方というものを、深く深く反省致して行きます時には、どうしてもその反省の方向に、そういう深みがあることが、うすうすながら私どもに分かって来るのであります。

おそらくどなたでも御承知のことと思いますが、今日、現実肯定というものが、これだけ強く叫ばれておりますにもかかわらず、一面、世界にニヒリズムというものが、思想の上、あるいは文芸の上において、非常に盛んになって来ております。こういう処というものは、これは如何に肯定しようと思っても、肯定しきれない現実の裂け目の処があるからである。そこにわれわれの懺悔があり、また反省も深められて行くわけであります。

このニヒリズムといったものも、私は普通のニヒリズムと言われているものは、非常に観照的なものでしかないと思うのであって、真のニヒリズムは決してそういう観照じゃありません。私のこの存在自体、自分自身のあり方であるというふうに考えられなければならないと思うんであります。ニヒリズムに徹すれば徹するほど、ニヒリズムに住《とど》まることが出来ず、否定に徹すれば徹するほど、その否定の処に住まっていることが出来ないというのが、真実のわれわれの主体的ニヒリズムである。ですからして、われわれの存在の根柢にニヒルがあるということは、われわれ人間の一様に持っている、誰一人欠かさずすべての人が持っている深い悩みであらねばならない。ニヒリズムに陥っていると言いながら、自ら悩まずにおれるようなものは、これは真実のニヒリズムとは言えないものである。おそらく人間の悩みの中のもっとも深い底であり、おそらく世界の人間の如何なる悩みにもまして、そのすべてを超ゆる、その悩みと質を異にし、あるいは量を異にする根源的の悩みである、ということが出来ると思うのであります。

この悩みというものは、決して普通の種々の悩みの総和ではない。これは全一的な悩みである。全体であって一であり、しかもその悩みが他人ではなくして、私である、他人にしょって貰えない悩みである。多くの世間の悩みは、他人と共同で背負うことが出来ますが、この悩みは人間の全くの孤独の悩みである。他人にどうして貰うことも出来ない悩みである。そういう悩みにわれわれが陥るということ、実はわれわれはそういう悩みに陥っているということが、それがわれわれの現実のあり方である。私はこれを、現実的人間のあり方と申して置きたいと思うのでありますが、そういう現実的人間の悩みというものから、われわれはどうして脱することが出来るか。おそらくこの悩みに徹しない人は、そういうことについてあるいは無関心であるかも知れませんが、しかしながら、それに無関心でいられるほど、人間というものは無知ではないのであります。

本当の人間の知というものは、まずその私自身がそういう悩みの主体であるということが、われわれの知でなくちゃならない。これは決して対象的な知ではありません。私は、こういう知というものを主体的知と言っていいと思うのでありますが、そういう知を持つということは、これは本当の知者であるということが出来ると思う。

そういう知というものは、また実はその知を否定するということを、それ自身要求する知でなければならない。つまりそれは肯定的な知に転ずる知でなければならない。そうなって初めて、そこから私どもの本当に否定のない真実の生活、全く肯定の生活というものが出て来る。そして、こういう肯定的な生活というものをわれわれが得るということが、それが人間が真実に甦る、真実に生きるということになると思う。その他に私は、人間が真実に生きるということはないと思う。その他の生き方は皆不安な生き方である。あるいは途中にあるもの、あるいは否定を通したものでなくして、肯定と言いましても、ごくそれは特殊な相対的な肯定であるに過ぎない。常に否定に脅かされつつ生きてゆく生活、常に不安に脅かされずにはいられない生活というものが、また普通の現実的人間の運命であって、どうしてもこれは逃れることが出来ない宿命であるとも言えるのである。それでありますからして、そういう人間の運命からして、何とかしてわれわれは脱却しなければならない。どうしてもそこに住まっていることは出来ない。何とかして脱却しようとする意志というものが、そのニヒリスティックな私というものの底からして必然的に湧き上がって来ざるを得ないのである。そして、これが実は本当のものであるのであります。

それをもし宗教の言葉で申しますならば、それが真実の求道心であると言っていいと思う。その他の求道というものは、すべて途中からの求道であって、本当の求道ということは出来ない。そして、これは特殊な人だけが求むべき求道ではなくして、人間一般が、すべての人が、実はその人間の根柢において持っているのである。宗教というものは、実はこの求道心に応えるものでなければならない。決して宗教は自己満足ではない、あるいは単なる感情だとか、ただ信仰だとか、そういう状態に住まっているものであってはならない。こういう真実の悩み、根源的な悩みというものから、人間を救い上げるということ、そこからして人間を脱却させるということが、それが本当の宗教でなければならない。そういう意味で、宗教は決して個人的なものであってはならない。宗教こそすべての人がその根柢に必然的に持たなければならない客観的なものであると言えると、私は確信しているのであります。

今日の宗教というものが、果たしてそういう深い悩みに応え得るかどうか。また宗教がそういう深い悩みから出発するということを、果たして今日の宗教が認識しているかどうか。もしもそれを認識していないとすれば、もはやそれは本当の宗教とは言えないと思う。したがってそういう悩みを救うことは、とうてい不可能である。すでにそういう目的の下に、その方法が確立されなければならないわけでありますからして、その方法というものは、やはり必然的に決まって来るのでなければならないというふうに、私は感ずるのであります。

それで、人間の社会をみてみますというと、いろいろの要求に応えるものがあります。個々の要求に応えてゆく行き方について申しますならば、腹が空いた時には飯を喰う、病気の時には薬を与える。そういうような悩みを救う方法というものはありますが、如何にそういうものが完備致しましても、この人間の深い悩みというものは、決して救われようもないのであります。私は、それで普通の世間的のいわゆる施設というものが完全にならなければならないということは、すべての人とともに痛感するものでありますが、しかしながら、そういうことでもって、この人間の深い悩みというものが救い得るものであるかのごとく考えるならば、それは大きな認識不足であると言わなければならないと思うのである。人間の悩みを救うということは、そういう人間の深みに徹して、そしてそういう深みからして人間を脱却させるということでなければならない。そしてそういう救われたところに成り立つ人間の生活というものにして、はじめて真実の人間の生活であることが出来るのであり、そういう人間の生命こそ真に永遠な生命と言い得るのである。真の人間と致しまして、こういう人間というものは決して閑却することが出来ない、というふうに私は考えるものである。

　それで、如何に社会的施設が完全になり、科学的文明が進歩致しましても、それでもっては救い尽くせないものがあるというところに、問題があるわけである。そういうところに、人間がいろいろな社会的施設や機械文明に対して感ずるさみしさがあるわけである。それが本当に人間の悩みでなければならない。何故、われわれはそういうところにさみしさを感ずるのでありましょうか。これは人間の深みから出て来るさみしさであるからであります。

　人間が予想もしなかったような科学の力というものが発揮され、原子力が発見されたということは、一方から言いますならば、これは実に喜ぶべき人間の力の発展であるわけでありますが、しかしながら、これを他方からして道徳的にだけ申しましても、それが人間にとって喜ばしいものにもなって来れば、あるいは悲しむべきもの、またのろわしきものにもなって来るわけである。まして、これを宗教的に申しますならは、それはなおさらのことと言わなければならないと思うのである。そういう点から致しまして、人間というものはどうしても宗教的な深みの方向に、その関心というものが向かって来ざるを得ないのである。したがって世間の悩みというものに対しては、無関心になりがちである。宗教家がそういう無関心になるということは、決してこれは道理にないことと言うことは出来ない。宗教的人間が厭世的であるということは、これはやはり一つの必然的な性格であると言わなければなりません。

　しかし、人間というものは、そういう方向だけで尽きるものではないのであって、人間にはさらにまた、広さの悩みというものがある。これがまた人間にとって必然的なものでありますからして、この広さの悩みと深さの悩みと、その両方の悩みというものを救ってゆく、解決してゆくということが、人間の本当のあり方であると言わなければならないと思うのである。この二つの悩みのどちらかが欠けます場合には、やはりそれが人間としては不完全なものと言わざるを得ないのである。

　今日、われわれが直面致しております世界の危機、戦争に対する悩みというようなものは、これは必ずしも直ぐに人間の深みに通ずるものではないが、そういう悩みというものが、また人間にとって悩みの事実であるのである。われわれは、どうしてもやはり、その悩みを救って行かなければならないのであって、これがいわば世間的の悩みの救いということになって来るわけであります。

で、この悩みというものをですね、私どもが他人の悩みとせずして、自分の悩みとするということ、ただそういう悩みがあるということを単にあたまで知るのではなくして、その悩みを本当に自分に感ずるということ、それが私どもの道場におきましては、「個人と社会の悩み」を知ると言っているところである。私どもの悩むところは、実にそういう深い悩みと広い悩みと、その二つの悩みを、それを自分の悩みとする。そしてその悩みというものが、一体どうして起きたか、どういうところにその根源があるのか、それをはっきりとつきとめなければならない。「悩みのみなもと」を知ると申しておりますのは、実はそういうことである。

人間の深みの悩みもまた、その悩みの根源を知らなければならない。それから、人間の広さの悩みもまた、その悩みの根源を知らなければならない。そして、その両方の悩みを自分の悩みとするということが、道場で申しております本当の「あわれみ深い心を持つ」ということの根本になって来る。本当に、そういう悩みを持つがゆえに、それを他人ごとと思わないで、それを自分のことと して悩みますからして、自分にもその悩みから脱したいと思い、また他人にもそういう悩みからして脱して貰いたいという、そういう「あわれみ深い心」というものが、私どもの内にひしひしと起こって来るのである。だからして、道場の『誓い』が起こってきました根源というものは、そういう深い悩みと広い悩みというものを、私どもがそれを自分の悩みとする、そしてそれを何とかして救わなければならないという心情である。これは決して上から下へ向かって救うというような、普通いう慈悲というものではないのであって、皆、お互いにすべての人がそういう悩みを持っているのでありますからして、またそれを持つということが、人間にとっては真実の在り方であるわけである。それで、そういう悩みを自分に悩むということが、これが第一歩である。自分が悩みのかたまりである、自分が悩みの主体である。こういうことが『人類の誓い』になって来る根本的動機である。

先ほども、現代人はもはや本当に笑うことも出来なければ、真実に泣くことも出来なくなったというようなお話がありましたが、私どもは本当にこの深い悩みと広い悩みとを、どれだけ真実に自分に悩んだでありましょうか。私はそれを問いたい。自分自身がそれを真実に悩んだかどうか、この点を私自身に問いたいし、またそれを私は人類に向かって問いたい。そういう世界の悩みということに由って、はじめて人類というものは、広く深く完全に救われることが出来る。それこそ本当の救いであると言わなければならない。

宗教家はただ出世間のことだけしか知らないし、また世間の人は宗教のことを知らない。こういうことでは、人間の全体的な悩みというものを救うことは出来ない。やはりどちらかに不満を持たざるを得ないのである。だからして、私は皆様に、世界の人に、そういう悩みを自分の悩みにして欲しい、こういうことを叫びたい。おそらく、世界平和の問題に致しましても、本当はそこから起きて来なければならない。ただ世間の悩みだけに、その悩みの全体があるかのごとく考えている運動は、これは人間の深みを知らない。浅い上つらの運動に過ぎない。そうかと言って、またただ出世間だと言って、世間のことには平然としているというのも、これは人間の広い悩みを知らないものと言わなければならない。両方とも、そういう人間の全体の悩みを、はっきりと自ら悩みながら、それぞれその使命に従ってその務めを尽くしてゆくということが、今日のいろいろの運動に対して要求されなければならないことである。

もしも世の社会運動家たちが、人間の深みの悩みというものを閑却し、その救いを無視して、ただ世間の広い救いに偏しましたならば、それは人間全体にとって、実に不幸なことと言わなければならない。またその逆に、宗教家が出世間のことだけに偏しまして、広い世界の悩みを救う運動が不必要であると考えましたならば、これはまた人間にとって余りにも不幸なことと言わなければならない。でありますからして、私どもはそういう世間的運動を起こしますに致しましても、あるいは出世間的運動をやりますに致しましても、その両方をしっかりと念頭においてかからなければならないと考えるのである。

それで、この二つの悩みを救うということが、「あわれみ深い心を持つ」ということになるのであって、普通、愛とか慈悲とか申しておりますものが、つまりそういうものであります。ここで、「あわれみ深い心を持つ」ということは、先にもちょっと申しましたように、これはお互いが持つのであって、誰かが誰かにというんじゃない。すべての人がお互いに持つというのが、本当の「あわれみ深い心」の持ち方である。よくクリスト教なんかでも、あるいは仏教なんかでも申しますように、愛が上から下へのものだという考え方は、これは先ほどから申しております理由によって、私どもの考え方とは違って来るわけである。だからして、本当の愛は平等であり、平等にお互いに愛し合決してそこに対手のものを愛してやるとか、あるいは慈悲を施すというようなこととであってはならない。本当の慈悲はどこまでも、お互いに平等に愛し合ってゆくものでなければならでなければならない。私は、そういう愛に由って、世の中がどれだけ温かになって行くかも知れないと思う。ない。今日の世界において、もっとも欠けているものは、何でありましょうか。今日の世界は、実に冷たい、さみしい、余りにも温かみの欠けた世界ではありませんか。それは日本だけじゃなしに、全世界において、今日は温かさが失われている。これを人間はどうしても取り戻さなければならない。冷たい世界、冷たい戦争、それは如何に人間にとって悲しいことでありましょうか。われわれは温かさというものを取り戻さなければならない。そして人間の温かさに由って、お互いに慈悲の網を張る。お互いに愛の網の目となって、私どもがすべての人の悩みを除いて行く、お互いにその立場に依り、違った使命に従って、その個性を尽くすということ、いわば「各自の使命に従ってそのもちまえを生かす」ことによって、世界の全体が自らの悩みを脱してゆくことが出来る。私はそれが愛によって結び合った愛の共同体であると思う。

私はよく思うのでありますが、愛というものは神から受けるものだというような、そういう考え方は、今日私どもはもはや払拭したい。むしろ私どもは自分の内に自ら悩むことに由って、そういう愛を自らにおいて持つ。すべての人が愛を行ずる、他から愛せられようということに由ってじゃなしに、能動的に他を愛しようということに由って、世界の人が一つに結びついて行かなければならないと考える。普通、愛というものは愛せられるということだというふうに考えられておりますが、これは真の愛の世界というものを建設するゆえんではないと思う。愛というものが向こうから愛せられようというんじゃなしに、こちらから愛しようということにならなければならない。それが普通の愛と私どもの考えている愛というものと違ったところである。とかく私どもは愛せられるものであって、愛することは出来ないものだというような考え方は、これは私は人間というものの本来に反するものであると考えているのである。

そして、その愛するということには、愛する方法というものが、またそこに考えられなければならない。そこにいろいろの愛する仕方の知識というものが得られなければならない。この方法についての知識というものが確立しなかったならば、とうてい愛というものが完全に行なわれるということはあり得ません。ことによりますというと、その愛というものが反対の方向にゆくということもあるわけでありますからして、愛するということには、愛する方法というものが、私は大事なものになって来ると思う。それで、宗教的に人間を愛するということが一方で人間に必要であると同時に、他方世間的に人間を愛する方法というものが確立されなければならない。その両方が確立されてはじめて本当に愛の世界というものが、完全に実現して来るわけであります。われわれがいろいろのことをなしますのに、それぞれの能力に由りまして、自分の専門のいろいろの研究をするとか、あるいはいろいろの知識を得るということも、そういう愛のすじがねが入りましてはじめて、その知識というものが人間のためになってゆくことが出来るわけでありますからして、われわれが学問をするとか、あるいは生産をするとか、文化の創造をするとか、そういうことが本当にこの愛のすじがねが入ってはじめてこれが本当に使われるのである。そういう愛というものがありましたならば、何百万という尊い人命を一朝にして滅すというようなことに、せっかくの科学的知識を使うというようなことは、きっとなくなるだろうと思うのであります。

今日、私どもに切実に要求されますことは、この「あわれみ深い心」というものである。しかもこれは無限に継続されなければならないものであります。『人類の誓い』ということも、これはそういう「あわれみ深い心」を皆様に持って頂き、また世界の人にそういう心を持って頂くことに由って、この世界を温かくし、この世界を明るくし、またこの世界を安らかにして行くことでなければならないと、こういうふうに考えるのであります。それで、私たちは人種の別もなく、あるいはまた国家の別もなく、貧富の別もなく、すべての人が皆そういう「あわれみ深い心」を持って、そうしてそういう心を持つということに由って、世界のいろいろの矛盾というものをとりあげて、それを解決して行きたいと念願しているのであります。

今日は、世界の平和ということが、焦眉の課題になっておりますが、今日の問題になっておりますこの平和というものは、これはごく手近なことと致しましては、二つの強国の対立というものが戦争にならないようにということであります。この二つの強国の対立関係というものが、戦争に導かれるということになりますならば、これは実にゆゆしいことと言わなければならない。だからしてわれわれは、何としてでもこれから救われる道というものを考えなければならない。これは私はことにこの二つの国の政治家たちに、本当に一切の行きがかりというものを捨てて、人類を救おうという立場からして、その解決方法を見いだして欲しいと、こういうふうに私は心からして訴えたいと考えるのである。日本の現状に致しましても、私はこの日本の中で対立している政治家たちに、日本を朝鮮のようにしないようにということを、心からして要求したい。政治家たちがいろいろな自分のこだわりを捨てて、本当に日本を救おうという立場に立って、その方策を立てて欲しいのである。これは私はどこまでもこれを政治家に要求したい。そしてこれを政治家に要求するというためには、またわれわれ日本人全体のものがそれを持たなければならぬ。そしてそれを政治家に要求致しますならば、おそらく日本の当面の危機というものは、平和的に救われるだろうと思います。しかしこれは日本全体と申しましても、世界の情勢というものが背後的にも大きな関係を持って来ているのでありますからして、それにはどうしても世界の不安というものを解決して、世界全体が戦争の危機というものからして救われるようにして行かねばならない。そういう点で、われわれの悲願というものは、ただ日本だけの悲願ではないのでありまして、世界人類がそういうふうにならんことには、日本も本当に救われるということにはならないわけである。私はこういうところからして、世界人類に向かって本当の人間の立場からして、あわれみ深い心を動機としてすべての政治を行なってほしいと、こういうことを要求したいと思うのである。

しかし、ここで私の考えと致しまして、それではどういう方法でもって世界を戦争の不安からして救ってゆくか、という問題があるのでありますが、私はそういう戦争というものに対しても一時的な糊塗的な――もちろん糊塗ということも、それはなさなければならない大事なことでありますが、しかしながらそういう一時的な——平和方策というものは、これはむしろ本当の平和への道ということは言えません。たとえ今日、朝鮮の問題が解決致しましても、また他の国において同じような戦争が起こるかも知れない。起こらないということもこれは保証出来ません。また他の外国だけじゃなしにこの日本においてそれが起こらないとも限らない。日本において起きなくても、今申しましたように他国において起きないとも限らない。そういう不安な状態にわれわれはおかれているのである。たとえ一つの戦争というものは、それが平和的に解決致しましても、直きにまたわれわれは次の戦争の不安というものを背後にひかえているわけである。その戦争の不安からしてわれわれは決して逃れることが出来ない。戦争への不安というものは、戦争が何時起こるかも知れないという不安というものは、これは考え方によりましては、かえって戦争が起きた時よりも、もっと人間にとって不安な悩ましいことかも知れません。これは人間をいらだたせ、神経質にかりたてるのでありますからして、起こるか起こらないか知れないということは、事実上必ず起こるに違いないという不安におかれているよりも、場合によりますというと、われわれにとってそれはより一層不安であって、とうていそれに堪えられないということにもなって参りまして、ただ現在起こっておらないということだけでは、決してそれが平和な状態であるということは言えないのであります。

ただわれわれが宗教的な心の平和を持ちましても、この世の中の不安、歴史的な悩みというものを脱し切ることは出来ない。それで、戦争ということも一時的、糊塗的にそれをなくするというようなことではなくして、永久に戦争の不安というものを無くする、あるいは少なくとも長期にわたって無くなるようにということが、私はどうしても考えられなければならないと思うのであります。

そういう点で、今日の平和運動というものは非常に大事な、また喫緊なものだとは思いますが、むしろわれわれの本当の願いとしましては、世界永遠の平和、少なくとも長期にわたって戦争が起こらないという平和を、われわれは心から望まざるを得ません。そういうことになってはじめて、人類は枕を高うして眠ることが出来るのである。どうして人間はそういうものを心から求めながら、それが出来ないのでありましょうか。人類全体、世界全体がこういう戦争がなくなってくれるようにということを、一人として念願しないものはないはずでありますのに、どうしてそれにもかかわらずそれが無くならないのでありましょうか。

私は思うんでありますが、それは私が先ほどから申しております「あわれみ深い心」というものが、人間のすじがねとして入っていない、本当に心の底から『人類の誓い』というものが誓えていないからではないか。私どもの道場の『誓い』は単に私ども道場の誓いであるだけではなくして、どこまでもこれは『人類の誓い』である、人間全体が誓うべきものであると、私はそう考えているのでありまして、閉じられた道場にそれが守られなければならないというものではなくて、あくまで開かれた道場というものになって行かなければならない。今日、私どもが講演会を開きますのも、閉じられた道場からして開かれた道場へ、世界人類の道場へという念願にほかならない。道場は世界に足場を持った道場でなければならない。本当の道場というものは、こういういわば「真実の自己にめざめあわれみ深い心を持った人間」というところに、その足場を持った道場でなければならない。私どもは決して何かの勢力を張ろうとか、でしゃばろうとか、教線を拡充しようとか、何か自分たちの名利のためにするとか、およそそういうことは、毛頭もその出発点からして考えてはおりません。その点、私どもは皆さんに向かって、或る既成の教団の教線の拡張だとか、あるいは一つの政党の権勢だとか、そういうものは毛頭も思ってはおりません。私はそれを断言致します。どこまでも人間を真実にし、幸福な生活が出来るようにという、そういう人間の生命の深みからして出て参りました。いわば人間の深みということの叫びに由って、『人類の誓い』が掲げられたわけでありまず。それでありますからして、道場というものは、人類に場を持つものでなければならないし、また、人類はこういうものを自分の場としなければならない。そういう考えで私たちは出発しているのでありますからして、どうか皆様もそういう点をよくお汲み頂いて、そして御協力を願いたいのであります。

『人類の誓い』というものに由って、戦争を永久に無くして行きますことは――これは当面の問題としてはということでありまして、戦争を無くするということが無論すべての問題の解決じゃない、これは一つの当面の問題に過ぎないのでありますが、しかしこれがまたわれわれにとって、今日はとうてい閑却することが出来ない重大な課題となって来ているわけであります。それで、その世界平和の問題をどうわれわれは解決して行くか、この悩みの根源というものを一体どこにおいているか。これは私ども自身からも発しなければならない悩みでありますが、またおそらくは、皆様も私どもに対してそれを一体どう考えているかということが当然発せられる質問だと思います。

で、私どもと致しましては、私どもが国家を超え人種を越え、民族を超えて、人類全体の立場に立つということが、どうしてもこの世界に平和をもたらすということには、欠くべからざることであると考える。今日ですね、平和を唱えている者は、何が一体唱えているかと言いますというと、それはおそらく国民が唱えている、どこかの国民が唱えております。どこかの国民が唱えているということは、その唱える者の立場が国家だということになる。それは人間全体、世界全体、人類全体の立場からではないわけであります。

戦争が起きるということは、今日、私はその根源を尋ねますというと、これは現在の国家の在り方というものにあると思うのでありますが、その国家の在り方というものがどういうものかと言いますというと、これは国家至上主義的あり方である。私はこの国家至上主義的在り方というものが、戦争の大きな原因になっていると考える。これはここでくわしく御説明することは出来ませんが（「平和的世界の構想」参照）、国家至上主義ということが、あるいは、ちょうど万人に対する万人の闘いという言葉のように、万国に対する万国の闘いということが、今日の世界において言われているのであります。すでに国家主義というものが、一方から言いまして戦争の根本原因だというふうに、私は考えているのでありますが、しかもそれが至上でありますからして、それが悪いことへ働く、他国の不利益になること、あるいは世界全体が不幸に陥ることであっても、自国の利益のためには実力をもってでも押し通すということになる。あるいは、たとえ正しいことでありましても、それは至上でありますからして、自分の主張致しますことは、力でもってやり通すということになる。そこに真面目な国家至上主義というものと、不真面目な国家至上主義というものと、そういう二つがあるのでありますが、それが真面目に致しましても不真面目に致しましても、そもそもその国家至上主義というものが戦争の原因になっているのでありますから、それは人類を脅かす根本のものになって来るわけであります。

今日、戦争というものを根絶しようとするならば、それで、この国家至上主義を何とかしなくちゃならないというところにまで、事実上、人類というものが今日すでに来ているのであります。それは何かと言いますならば、たとえば歴史的に今日すでに国際連合というようなものがそれでありましょう。あるいはまたそういう政治機構としてではなしに、道徳運動としてはＭＲＡというようなものがそれであります。こういうものは皆この国家至上主義というものを何とかしようとして起こって来たものである。国の上に国を超えた力というものを作ろうという企てである。そこにその国際連合というものが出来て来たわけでありますが、これは何とかしてそういう国家至上主義を超えなくちゃならないという人類の願いであり、そういう努力にほかならないのであります。こういうふうに国家至上主義というものを批判し、そして否定しようという動きが、今日は事実上もう世界において出て来ているわけでありまして、それはもう動かすことの出来ない事実であります。

しかし、こういう運動におきまして、その国家を超える超え方というものは、国家の中に在って国家を超えるという超え方である。国際連合に致しましても、道徳運動に致しましても、皆現在の国家機構の上に立って、そういう国家を批判しそれを超えてゆこうというやり方になっておりまして、そういう点ではすべて同じであります。ところが、こういうふうの現在の国家機構の上に立って、そういう国家を超えるというのじゃなしに、私は今日の国家至上主義そのものを全く無くするというところまで行かなければならないと思う。つまり今日の超国家としての国際関係というものは、むしろインターナショナルと言われるものでありますが、超えるということがそういうインターナショナルではなくして、いわばトランスナショナル、あるいはスープラナショナルというものになってはじめて、本当に国家を超えるということになって来るわけであります。われわれは、それであリますからして、そういう仕方で真に国家を超えるという方向に進まなければならない。それで今日のような国際というインターナショナルというものも無くなることに由ってはじめて、国家を超えるということが、本当の意味で言われ得ることになる。そして、国家と国家との戦争、あるいは国際連合と他の国家との戦争ということも、徹底的に無くなるだろうと思うのであります。

おそらく、皆様は私がこういうことを申しますというと、それは実現出来ないことだ、それは空想に過ぎないと言われるかも知れませんが、しかしながら、もしこういう方向に向かわせなかったならば、おそらく国際間の戦争というものは、われわれの世界から永久に無くならないじゃありませんか。だからして、どうしても永遠に戦争を無くするということ、あるいは比較的長期にわたって戦争を防止するということのためには、われわれは何としても、この国家至上主義を批判し、否定しなければならない。そうして、すべての人が国家を超え、民族を超えて、全人類の立場に立つというところまで進まなければならない。これをわれわれはあくまでも全人類に要求しなければならない。

しかし、ここでそういう国家を超えてゆくということは、現在のような世界においてはとうてい出来得ないことだと言わるるかも知れません。けれども何としてでも、そういう国家を超えて行こうという心構えを持つということと、そういう決断をするということとが大事であります。現在の歴史の過程を続って、さまざまの障碍を克服して、とにかくそういう方向に進むということ、そしてそういう立場からして、それを全世界の人類に呼びかけるということが、まず第一に大切なことであります。

日本は今日、どうすればよいでありましょうか。あるいはどこかの強国に伍して戦争に入るか、あるいは弱国と一緒になって滅びるか。もはや軍備を持ってみたところで、それは知れたものである。まして日本が再び軍備をもって戦争に入るということは、それは人間の心からの叫びが、とうていそれを許しません。今日、日本の進むべき道は、すべての世界の人たちに、すべての国民に、まず人類の立場に立つという方向に進んで貰うということでなければならない。そしてすべての人に人類の立場に立って貰うためには、まず日本全体がそういうものにならなければならない、そしてそういうものを世界に推し広めてゆくということにならなければならない、と私は思う。まず日本が、世界に向かって戦争をなくするということ、世界に先立ってまず自ら武器を擲つということに由って、そういう方向というものを示すのでなければならない。この方向というものこそ、日本が今日の世界に負っている尊い使命でなければならない。そうなってはじめて、そこに敗戦日本が、武力の無い日本が、そういう使命を世界に向かって果たすことが出来る。この使命はもはや、国家至上主義日本の使命ではなくして、人類の使命である。人類の使命を負うてその尊い使命を果たす日本は、もはや日本であって日本ではない。国家を超え、民族を超え、全人類の立場に立って、そして日本の使命を果たすのである。

こういうふうに、私は当面の平和運動というものについて考えているのであります。それを根強く、あせらないで、現実の間隙を縫って推し貫いて行かなければならない。私は一代や二代で、そういうものが出来上がるものとは思いません。少なくともわれわれの次の世代、あるいはその次の世代をして、この悲惨なる戦争に陥れないようにという、そういう無慈悲な世界にならないようにということであるならば、まずどうしても私はこの線で行くのでなければならないと考える。もしわれわれの子や孫の時代に、こういう世界が成り立ちますならば、実にこれは歴史における大きなわれわれの貢献でなければならない。

われわれは、こういう線に沿って、当面のいろいろの問題を解決して行きたいと思うのでありまして、そこにいわば、道場の悲願があるのであります。これには実に容易ならぬ荆棘の道というものが横たわっているわけでありますが、しかしこれはどうしても建てなければならない悲願であって、しかもこれは全人類の悲願である。一時的一面的なものでなくして、人間全体のあり方に、つまり深くして広い人間のあり方に、その根柢を置いた本当の、いわば深い意味でのヒューマニズムの立場というものに、私どもの念願は発しているのであります。

どうか、私どものこういう悲願というものに対して、皆様が幸いにも御理解下さいますならば、本当に人類の深い広い解放の運動というものに、御協力をして頂きたいのであります。そして「真実にして幸福なる世界を建設する」ということに、皆様が一つ決意をして頂いて、お互いに手を執り合って共に精進して行きたいというふうに考えるのであります。

人類の誓い ㈢

――智体悲用――

まえおき

『人類の誓い』が成立します過程につきましては、大体ただ今此処に御出席の方は御存知のことと思っております。ただ、新しい方でまだ御承知ない方もあるかと思いますので、その点ごく簡単に申し上げてみますというと、道場では、道場が結成されました時に道場の『綱領』というものが出来ましたのでありますが、その『綱領』の第一条が「絶対の大道を学究行取し以て世界更新の聖業に参ず」という、そういうことになっております。『綱領』のどの箇条も皆道場としては大事なものになっておりますのですが、しかしやはりその中でも第一条はいわば中心になる条項でありまして、道場としては非常に大事なものであります。その第一条の「絶対の大道を学究行取し以て世界更新の聖業に参ず」という中の「絶対の大道」というものを、それを道場では結成以来いわば「学究行取」致して来ておったはずでありますし、また実際そうして来ていたものでありますが、そういうふうにして、「学究行取」致して来まして、ちょうど今年で八年目になるわけであります。この「絶対の大道」というものがどういうものであるか、またその具体的の内容というものがどういうものであるかということにつきまして、今までの「学究行取」からして一つの結論を得ようということで、過去七年間のいわば総決算を致してみたのでありますが、その総決算を致しました結果出来ましたものが、この『人類の誓い』であります。

これは「絶対の大道」というものの、具体的な形として、まあつまり道場が承認したものになっているのであります。それで、この『人類の誓い』というものは、それの作成されます時に、出来るだけ一般の人々に判って貰えるようなそういう言葉で言い表わされるということが必要であったわけであります。そういうことが必要だということは、その「絶対の大道」というものは、ただ狭い意味での道場の道人だけが行なってゆきます道というものだけに止まらない大道でなければならないからであります。これを一般の人々に行なって貰いたい、そしてそういう意味でこれを普遍的なものにしたいというのがわれわれの願いであります。したがって、これが内容として客観的に妥当なものでなくてはならないということは、無論のことでありますが、それと同時に一般の人が、それを践み行なって貰うようなものでなくてはならないということになりますというと、それにはどうしても一般の人に判るような言葉でそれを言い表わさなければならない。そういう点で平易ということが大事なことだというので、それで平易ということを期しました。その平易ということもこれは程度がありますが、まず今日一般に新聞が読める程度の人ならば誰でもその文句が読めて、そしてその字面に表われた限りにおいてそれが理解出来るというような、そういうもの、まあその辺の処にその平易さというものを置きまして、そしてこの『人類の誓い』を作ったのであります。

それからさらにこれを実践して頂くということになりますというと、始終それを念頭においていただかなければなりませんが、そのためには出来るだけ簡潔がいいということになります。無闇に長い文句ではその全体を念頭におくということは出来ない。例えばお経の文句のようなものになりますというと、お経というものは長いものでありますからして、そういうものではいけない。それを念頭に浮かべることが出来るくらいに一応短いもので、しかもその短いものの中にその意味を十分に含ますことが出来るような、しかも欠けることのないものでなければなりません。出来るだけ欠けないでということ、これはなかなか難しいことでありますが、しかし欠けないように出来るだけですね、これが、こういう処が、これには落ちているとか、これが言い足りないというようなことが出来るだけ少なくなるようにですね、つまり短くして全きをということを期しましたわけであります。つまり簡潔になるということ、そういうことを期しまして、そしてもう一つ出来るだけ感じがいいように、これは芸術的なことになるわけでありますが、文章があまりぎこちないというようなことにならないように、一見しまして見にくいとか、聞きにくいとかいうような、そういう文章ではないようにということを、これもまあわれわれの力で出来るだけのことでありますが、そういうことを念頭において、そして作り上げましたものが、この『人類の誓い』というものになって来たわけであります。しかしまあそういう平易と簡潔ということを期しましたためにですね、文章に表われております処では、ただそれだけ表面的にそれをとりますというと、何だ、これくらいのものか、こんなものかというようなことになりまして、いわばごく深い考えを持った立場から見て行った場合、例えば宗教でも非常にこの深い宗教という処からして見て行った場合、また哲学などで見て行った場合、あるいは他の社会科学というようなもので見て行った場合、いろいろごく厳密なとか、あるいは深いとかいうような処からみていきますというと、非常に当たり前といいますか、あるいは見方によってはつまらないと申しますか、そんなように思われるような点もあるのであります。しかしですね、この『人類の誓い』の含んでいるその含みというものは、これは道場と致しましては八年来も、道人の多数によっていろいろの立場からして批判もし検討もし、またその実究もして来た、いわば「学究行取」して来たものでありますからして、これはそう含みのないただのその字面通りなものではないのであります。その含みの深さなり、あるいは広さなりというものにつきましては、これは道人の各自におきまして全部が同じであるということは、それは、出来ないかも知れませんですが、しかしですね、われわれは、やっぱりこの『人類の誓い』の字面の内に、ただ人があれだけをみてそしてそれをそれだけのものとしてみるものとは、よほど違ったものを見ているのであります。その内容がある道人ではその『人類の誓い』の中の何処かが非常に深いとか、何処かは非常に弱いとかいうような、そういう中のそのような違いというものはあると思いますが、また全くどちらから言っても一致しているというような点もありまして、それでその含み、内容の理解につきましては、私は深浅広狭いろいろそこに違いがあると思いますけれども、しかし決してあの『人類の誓い』というものは単に一年間という短日月に何か成文化しなければならないというので、ただその間に考えを作り上げたというような、そういうものではないのでありまして、その点ではこの『人類の誓い』というものは、私の所信と致しましては、宗教的にもあるいは哲学的にも非常にその深いものであると、そういうふうに私は確信致しているのであります。それでそれを仏教というようなことからみましても、まあ仏教の一番深い処まで徹しているものだと、しかもそれが既成の仏教というような処にとどまらないで、既成の仏教というものをも批判をして、そうして本当にあるべき仏教というような処まで徹していると思うのであります。そういうことはただ仏教に限りませず外の宗教というようなことから申しましても、例えばクリスト教というようなものから申しましても、クリスト教というようなものも其処において批判されて、そして一方から申しますというと、クリスト教としましても、クリスト教の欠陥というものがちゃんとそこでは批判済みであると、そしてクリスト教としましても、もし宗教というようなことから申しますというと、宗教としてクリスト教が達しなければならない点から申しますというと、この『人類の誓い』は宗教の一番深い処、本当の処へ徹して行っているというほどに、私は信じているのであります。また、従来の例えば道徳律でありますとか、あるいはこの徳目であるとかいうようなものがありますが、そういうものもですね、此処においてかなりその全きものになっているということが、私は出来ると思っているのであります。それはですね、道場の『綱領』の第二条におきまして、「宗教上思想上の固陋なる因習に堕し」たりあるいは「皮相安易なる追随に奔っ」たりするというようなことがないようにして、つまり「現実の深底に徹し」というようなことがありますので、道場では始めからこの『綱領』第二条によって、必ずしも古い習慣とか、単なる因習でありますとかいうようなものに拘わらないで、むしろそういうものから自由に、本当のものを求めよう、「絶対の大道」を求めようと、こういうことになっておるところから来ているのであります。それで道場はただ従来のものに何か依存するとか、習慣を単にそのままうけつぐとかいうようなことはしないで、十分それを批判し検討してそして本当のものを求めて行くと、こういう態度で来ているのであります。そしてそれが、ただ学問的にそれを明らかにすればいいとかいうようなものではなしに、やっぱりそれをわれわれが実践してゆくというようなこと、これがやはり「行取」というようなことで考えられているのでありまして、単なる学問ではない、あるいはまた単なる行というようなものではないのであります。それでありますからして、『綱領』の第三条にありますようなふうに「偏学の無力、偏行の盲目を戒め」るというようなことは、やっぱりわれわれの道場としては従来念頭においてやって来ているのでありますからして、それでその『人類の誓い』の内容というようなものも、単なる学問としてそれが出て来ただけではない。それはわれわれが実践しなければならないそういう道徳的、さらにこの宗教的な実践を前提とするというようなものになっているのであります。もしこれがただ単に学問的なものであるとか、それを行なわんでもいいものだとか、あるいは『人類の誓い』というものはこういうものでなければならないというだけのものであったならば、それはわれわれの『人類の誓い』ではないのでありまして、それを実践するということは、これはこの『人類の誓い』というもののまあ性格と申しますか、実践的な法則であるというべきものであります。もしただそれだけで実践しないというようなものならば、これは道場的な『人類の誓い』ではないことになるわけでありますからして、それを作ったということは、道場と致しましては道人が自らそれを実践するということが必然的にその中に含まれているわけであります。またそこから一般にも、この文句を知って貰うとか、暗記して貰うとか、唱えて貰うとか、単にそれを知的に受け取って貰うというようなことではなしに、どこまでもやっぱり誓って貰って実践して貰うということをわれわれは願っているわけであります。誓うということはやっぱり実践の意味を持ってくるわけであって、実践の意味を持たない誓いというものは、そもそも誓いというものではないのであって、それで、「誓い」という言葉がそこで使われているわけであります。そしてこれがですね。先ほど私が申しましたように、道場だけのものではなくして、これは一般におよそ人間というものが誰でもこれを誓うべきものだというようなそういう客観性普遍性を要求するものでありますからして、それで『人類の誓い』というのであります。道場の誓いというような、あるいは道人の誓いというようなことではなしに、もっと広く、およそ人間であるならば、誰でもの誓いというようなことであります。そして、そこに「人類」というような言葉を使いましたのは、やっぱり民族とか国家とかいうようなそういうものを超越した全人類がそれを誓い、そしてそれを実践するという、そういう世界全体とかあるいは人類全体というような世界的な人類的意味を持つものとして用いられたわけでありますからして、そういう意味で『人類の誓い』というようなことになっているのであります。

それでこういう『人類の誓い』というものをわれわれ個個の道人の誓いとするということはですね、自分がそれを誓うとともにすべての人にそれを誓って貰う、自分がそれを実践すると同時にすべての人にそれを実践して貫おうという、そういう大事な意図を含んでいるわけでありまして、そういう『人類の誓い』というものが誓われる場というもの、あるいは実践される場というものは、まずそれが行なわれる始めの場所というものは、このわれわれの狭い意味での道場でありますが、しかしそういうものでそれが尽きるものではないし、そういうものでそれが尽きるものであってはならないのであります。したがってその道場という意味が、此処で広い意味を持って来なければならないのであります。それが誓い行なわれる処は、すべてそれが道場だというようなことになって来なければならない。もっと、それがあるべきというようなことから申しますというと、私どもとしては『人類の誓い』というものが、すべての人が誓うべきもの、実践すべきものという、そういう立場に立っております限り、世界というもの全体が、それが、道場でなければならない、というふうに、そこまで道場という意味を拡充させてくるのであります。私自身の考えと致しましては、道場は世界が道場だと、そして世界というものは、そういう誓いというものを誓うべき場所である、だからしてそれを実践すべき場所だということになってくる。こういうことになって、そうしてそこで歴史というものはそういう『人類の誓い』というものが誓われて実践さるべき時間空間だと、こういうふうにまで私としては考えているわけでありますからして、それで歴史というものもこれはいわば『人類の誓い』が実践されてゆく場だということになるのであります。それでもし宗教というようなことから申しますならば、歴史というものは本当の意味での、われわれが言う意味での宗教というものが働く場所であると、こういうふうに私は考えるのであります。それで宗教というものが特殊なものではなしに、人間の歴史というものが、本当言うと、すべて宗教の働きでなければならないという処まで、私としては考えたい。で、言葉はあるいは語弊があるかも知れませんけれども、もし仏教の言葉、クリスト教の言葉を仮にとって申しますならば、つまり、歴史が神の国の建設なり、あるいはまた仏の国の、仏国土の建立という、こういうようなことにまで、なって来なくてはならない。そういう意味でこの世界は道場だと、こういうことになって来るのでありまして、まあそういう内容を『人類の誓い』というものが持っていると私は思うのであります。そしてそういうものがですね、何のためにあるかと、つまり『人類の誓い』というものをわれわれが何のために作ったか、あるいは発見したかと申しますというと、この『綱領』の第一条にあります「世界更新」ということにあるわけである、「世界更新の聖業に参ず」というような、そういう目的というものを持っているわけであります。

　われわれの出発点は「京都大学仏教青年会」というものであったのでありますが、この「仏教青年会」というものが発展的に解消致しまして、「学道道場」となったのであります。発展的に解消しなければならないということは、これはやはり本当の世界というものにして行かなければならない、この歴史の世界といいますか、現実の世界というものを、これを本当の世界にして行かなければならない、そして本当の世界にしてゆくということのためには、どうしてもその「絶対の大道」というものがわれわれに「学究行取」されなければならない、ということがあったからであります。だからして、その「絶対の大道」を「学究行取」するということにも「世界更新の聖業に参ずる」というそういう大きな目的があるわけであります。それでこの「世界更新の聖業に参ずる」ということはですね、ただ現在の或る特殊な時代、特殊の世代というものを更新してゆくという意味だけのものではない。現在の、ただ今の今日なら今日という時代というものをよくしてゆくということではなくして、もっと歴史を貫くものというようなものが、そこに考えられているわけである。先ほども申しましたように、人間の永遠なる世界、つまり歴史の上で本当の歴史というものを常に創《つく》り出してゆくということと同時に、やっぱり歴史を超えてというような、そういう超越面というものも此処で考えられていなくてはならない。それでそこにこの宗教の面とそれから現実の歴史の面というもの両方が含まれた、しかも両方が一つになったような世界というものを、創って行かなければならないのであります。そうすれば宗教的にも満足であるし、現実的、歴史的にも満足なというような、そういう世界というものが形成される。私はそういうことこそ本当の「世界更新」ということであると思います。ただある時期に一度働きが出来たら、それでいいというようなものではなしに、歴史のある限り、歴史を超えた処がそれと一如的になっていくというような、そういうものでなければならないと思うのであります。従来のようにただ歴史超越的な世界というようなものを外の処に求めてゆくというのでなしに、現実の世界において超歴史というものがあり、また現実的世界において超歴史というものが裏づけられる、また超歴史的なものが歴史的な現実によってその内容を持ってくるというような、そういうものを創っていく。そしてそういうものであって初めて、真の人間の世界ということが言えると思う。

私は、この人間の世界というものは、自然界というものと、それから人間の世界というものと、それから超人間の世界というものと、この三つが此処で一つになったようなものでなくちゃならないというふうに考えているのでありますが、そのどれかが欠けるということは人間の世界においては出来ないことである。そしてまた、人間の本当のあり方というものには、これが三つの重要な契機であるというふうに考えるのであります。それでありますからして、そういう世界というものが創られ、またそういう世界を創ってゆくという、そういうつまり悲願をわれわれは持って行かなければならないのであります。それは『人類の誓い』の一番の終わりにある「真実にして幸福なる世界を建設しましょう」というようなことに、結局はなってゆくと思うのでありますが、それがやはり「世界更新の聖業に参ず」ということの目的であります。それでそれに要するすべての知識なり、あるいはそれに対する実践的な力なり、そういうものをやっぱりわれわれは具えて行かなければならない。そういうことによって初めて、そういう国というもの、仏国土だとか神の国だとかいうようなものも出来てゆくわけである。まあそういうことから申しますというと、『人類の誓い』というものはいわば人間の坐りでありましょう。その坐りがですね、誰でもがそこにその坐りを持たなければならないような坐りであると、そういうように私は考えているわけであります。それで、これもですね、やっぱりそういう本当の世界が出来ますということは、誰か個人だけでもって成り立つものではないのであります。やっぱりわれわれ世界の人類、いわば世界の構成メンバーというものが、そういうものになって行かなければならないという誓いというものを、まず持って行かなければならない。そしてそういうものを持ってゆくために、まず現在の道人というものは、まずそれをつとめて行かなければならないということになるわけである。でそういうために、この前の『人類の誓い』の講演会というものもなされたわけでありまして、これは決して道場の勢力を拡張しようかとか、そういう誰かの一時的な関心によって動かされてやったものというものではなしに、これはやっぱり人間の誓いというものの深い底から出て来ているわけである。つまりいわばそういう意味で、スタートはすでに切られたわけである。これが広められるということにはいろいろの支障もありますけれども、この『人類の誓い』というものが「絶対の大道」だという、そういう確信の下におきましては、世の中の障碍というようなものは、物の数にもならないものである。あるいはそこに消長というのもございましょう。用いられる時もあれば用いられない時もある。さらにまた反撃を受けるというようなこともありましょう。あるいは道場の内部におきましても、さまざまの考えがあり、また反対の意見というものもあって、いろいろの支障も起きてくるでありましょうし、道人の間におきましても、さまざまの消長、障碍というものもありましょう。しかし永遠のことというものにその立場を置いている処には、そんなことは何ら憂うるにも当たらないことである。それは実に大きな永遠の仕事であって、そういういろいろの支障というものはごく表面的な一時的な小さなことにすぎない。これは私としましては永遠の誓いである。人類が永遠に誓うべきものであり、永遠に変わらぬものである。また変えてはならないものである。そういうものに立った道場と致しまして、一時的の盛衰栄枯消長というようなものは、そこから申しますというと何でもない。一時的な水の中に浮く泡のごときものである。私にとりましては『人類の誓い』というものは滔々として永久に流れてゆく水であって、水の中に浮く泡というものは一時的に消え去ってゆく仮のものであるにすぎない。そういうものは如何に消長、起伏がありましても、たとえ道場の内外からの反撃が一時に起こって参りましても、私自身と致しましては全く何ごととも思わない。道場の運動というものに反対して、道人の中にたとえ離れ去ってゆく人があったとしましても、それによってこの誓いというものが動くものでもなければ、またそれで止めてしまうものでもないし、そんなことには何らのさみしさも感じない。私はこの『人類の誓い』という永遠なる水の流れと一緒に永遠に流れてゆこうというほどにさえ感じているのである。

私はこの『人類の誓い』というものは、そういうものであると思っているのであります。これは私の確信でありますが、道場にこういうものが生まれたということは、一つの道場という狭い団体でありますが、また人数においても少数ではありますけれども、そういうものが何処かに起こらなければならないものであって、その起こるべきものが此処に起こったということは、これは人類にとって実に祝福すべきものだというふうに私は考えているのであります。

(1)　私たちはよくおちついて本当の自己にめざめ

一

わが学道道場が創立以来七年間、あるいは実究に、あるいは論究に、学と行兼ね具わりまして学道いたし、その結果がこの度熟しまして、『人類の誓い』というものに凝結されて参りました。この『人類の誓い』というものは、道場の『綱領』の第一条にありますように「絶対の大道」を七年間学究行取いたしましてかち得たものであります。私ども個個の道人といたしましては、このようにはっきりした形でもって自覚してはいなかったかも知れませんが、しかしこの『人類の誓い』というものは、一つの混沌とした形でわれわれ道人の深い深い心の底に醸成されてきておったわけであります。ちょうどカオスとか、あるいはフリンジとかいうような、そういう形で七年間これが醸成されてきておったものであります。そして、それが七年目にはっきりした形で道場に自覚されて参ったわけであります。それでありますからして、この『人類の誓い』というものができました時には、私どもは、われわれが求めておった「絶対の大道」はこれであったと、今まで漠然としていたけれども、しかしこれであったのだと、こういうふうに肯き、道場においてそれを確認いたしたわけであります。これはいわば道場のさとりであるわけである。釈尊は六年間雪山において修行されまして大悟されたと申されておりますが、この場合釈尊は個人として道を悟られたのであります。わが道場におきましては、さとりは個人のさとりではなくして、道場のさとりであります。これは多数の道人が互いに切磋琢磨してそしてそこに見いだしたさとりでありまして、それの成立は社会的なものであるといわなければならない。しかもこの社会というものは、われわれが代表いたしておりますます人類社会であるのでありまして、決して単に狭い小人数の道場というものではないのでありま す。この『人類の誓い』という言葉が出てくるゆえんはそこにあるのである。「道場の誓い」というものは、これは『人類の誓い』でなければならないのであります。『人類の誓い』というものを道場は自らの誓いにしなければならない。こういう性格というものをこの『人類の誓い』というものはもっているわけであります。さとりの道場的さとりというものが、われわれのさとりであるのでありります。で、したがいまして私どもは、この『人類の誓い』というものを、私ども道人のおのおのがはっきりと身につけると同時に、人類のすべての人に誓ってもらわなければならないわけである。また、そこに道場の『人類の誓い』による外への働きかけというものが、道場の使命として立てられてくるわけであります。

それでありますからして、この道場の一転機という際に設けられましたこの度の「別時学道」というものは、まことに道場といたしましては意義の深い別時でなければなりません。それでわれわれはそういう自覚をもって、この「別時」を最も意義ある画期的なものとしなければならないと存じております。で、そういう心構えの上にわれわれは『人類の誓い』というものに参じて、その深き根柢に徹して行かなければならないと思うのであります。

それにつきまして、まず私どもは何よりも先に、「よくおちついて」という『人類の誓い』のこの冒頭の一句に徹しなければならないと思う。それでは、どこまで行きましたならば「よくおちついて」ということがいえるでありましょうか。言葉の上から申しますというと、この「よくおちついて」ということにはいろいろの種類、あるいはさまざまな段階があるようでありますが、真実の自己にめざめるという場合の「おちつき」というもの、それはどういう「おちつき」でありましょうか。それは、本当におちつけば真実の自己にめざめることができる、真実の自己にめざめれば本当におちつくことができる、とそういったものでなければならぬと思う。またそれが同時に、「あわれみ深いこころ」をもった働きをする本当の自己、こういうものになってこなければならないと思う。これこそ「絶対の大道」であります。今や私どもはこの「絶対の大道」、すなわち、もし私の好む仏教の言葉を使わしていただきますならば「智体悲用」といわるべきもの、これにわれわれはなりきらなければならないと思うのであります。私どもの坐の目的はそこにあるわけであります。仏教の言葉に「真際を動ぜずして諸法を建立する」という言葉がありますが、こういう言葉でもって表わされるものが、それが本当の「絶対の大道」でなくてはならないのであります。

二

今回は、先に申しました「よくおちついて」ということを、もうすこし深く掘り下げて考えて見たいと思います。この文字の表に出ておりますところだけを見るのではなくして、もっとそれを掘り下げて、そしてそういう文字の出て参ります根源というものをはっきりと把握しておくということは、これはまたわれわれ道人の大事な仕事と言わなければならないのであります。

私はいまこの「よくおちついて」ということをひとつの譬え、つまり、ある底の知れないひとつの淵の譬えで考えて見ようと思います。底の知れない淵に対して、その淵のさわいでいる表面の波というもの、これが自分であります場合には、これは「よくおちついて」ということにはなりません。波と波とがかちあって、かちあった波がおさまったということだけでは、本当の「おちつき」というものにはならない。その後にまた波が起きてくる。かちあった波がおさまって、そして一つの波になったということだけである。まだ波である間は「よくおちついて」ということにはならない。波と波とがかちあって、それが次第におさまってまた一つの波になって行くというふうな、波から波へという、そういう「おちつき」というものは、それは一応の「おちつき」というものにはなりましょうが、それではまだ本当の「おちつき」であるといえないのであります。それは、その時、その処だけの特殊の場合の「おちつき」ということにほかならない。ところが、そういう横の方向での「おちつき」でなくして、波から水への縦の方向における「おちつき」というものがあるわけである。波から波へという横への「おちつき」というものは、いわば弁証法的なジンテーシスに当たるわけである。これは仏教の言葉でいえば業ということになってゆくわけである。そのジンテーシスというものがまた新しいテーシスになって、それに対するアンチテーシスというものを俟って、さらにそれがジンテーシスを形成して行くというような、そういうジンテーシスというものは、これはまた一応の安心とはいえましょうが、しかしそれはたとえ平常底でありましても、本当の安心とはいえないのであります。こういう安心から不安へ、不安から安心へ、あるいは平常から無常へ、無常から平常へという安心の方向というものは、これはいわば現実の歴史の場合の「おちつき」であります。本当の「おちつき」というものは、そういう方向においては見いだされないのでありまして、かえって波の根源へという縦の方向において、はじめて見いだされるものであります。その場合、波が自分であるようなそういう波が静まりまして、無底の水というものになる、この無底の淵自体の自覚というものが、それが「よくおちついた本当の自己」というものである。こういうことになると思うのであります。で、その波である自分が現実の自分でありますが、そこからして根源の水への自覚というものが、それが「本当の自己にめざめる」ということになってくるわけであります。

仏教で「如来蔵」ということを申しますが、この場合の「蔵」というものは、これは一つの母体である、体である、そしてそれの自覚というものがそれがいわば自己、本当の自己でなければならない。もうそこにおいては、波におけるような始め終わりはないのであります。そしてこの始め終わりのないものの働きとして波というものが起こってくる、無限な静けさ、無限な安定、底知れぬ深さというものからして、無限な波を起こしてくるのであります。波はある場合は怒濤ともなりましょう。静かさというものはまた絶対の活動というものをその中に蔵している、始めなく終わりのない働きとして、無限な波、大小の波、そういうものが起こってくる。そしてこの波の状態だけを見たのが、歴史の世界であると、こういうふうに考えることができる。われわれの現実というものは、どうしてもこの単なる波の自覚であるからして、その波の自覚からして波の根源である水の自覚へと行くということが、それが「よくおちついて」というそういう方向になって行くと思うのであります。形がないとか、無であるという言葉は、波に形があるのに対して水に形がないという、そういう違いにおいていわれている言葉であります。波とか水とかいうことは譬えでありますが、その譬えというものが私の在り方の譬えでありまして、単なる譬えではないのであります。譬えていうものが単なる譬えだけの譬えでありましては、全く空虚なものに過ぎませんが、これは単なる譬喩ではないのでありまして、その譬喩というものに、譬喩を譬喩たらしめる根源的具体的なものがあるのであります。そして、その具体的なものが本当に私たちの身につかなければならないのであります。つまり、「私たちはよくおちついて本当の自己にめざめ」ということ、これが言葉ではなくして、生きた具体的なものになってこなければならないと思うのであります。

「よくおちついて」といわれます場合の「よく」ということでありますが、これは、おちついた処とおちつかない処とがあったのでは、「よくおちついて」ということにはなりません。「よくおちついて」ということは、一切処一切時における「おちつき」でなければならない。しかし、一切処一切時におちつくという、その「おちつき」ということは、私どもがどういう状態であるときにそういうことになるのでありましょうか。これは、私たちが全く限定されない私たちにならんことには、そういう「おちつき」にはならないわけであります。全く無限定な私たち、そういう私たちがまた私たちの一切の限定の根源になりながら、しかもいかなる限定によっても限定されないものでなければなりません。つまり、能限定的なものであって、所限定的なものであってはならない、そういう私たちが、よくおちついた私たちであるわけであります。そういう私たちに私たちがなった時、その時に私たちは本当の私たちを自覚するのであります。そして、その自覚が「めざめる」ということであります。

　本当の自己というようなことを申しますというと、ややもしますとそういう自己というものがわれわれの研究の対象になる、と考えられがちですが、その自己が研究されて何らかの結論が出た場合には、自己というものが常に対象的に考えられていくわけでありまして、そういう自己は一つの自己についての知識ではありましょうが、しかしそういう知識というものはどこまでも対象的なものであって、自己の概念、自己の観念とはいえましょうが、それは本当の自己ではないのであります。それで、自己という言葉よりも、私とか、私たちという言葉の方がかえって本当の自己を表わすにふさわしい言葉であるともいえます。わたくし、本当のわたくしというものは対象的に研究された私ではない、決して対象化することのできないわたくしであります。対象化されない自己である。こういう自己というものが本当の生命、本当のいのちであります。

　しかし、この生命というものは無限定であって、しかも一切の限定の根柢になる私でなければなりません。普通、私と申しておりますものは、限定された私であります。限定されていない私というものは、普通はわれわれに知られておりません。（ここで知られるということは、対象的に知られるのではない、つまりそれが自覚されるという意味であります。）普通の私たちは、常に限定されたものとしての私たちであります。限定された私たちが限定されない私たちになるということは、その限定された私たちの絶対否定であります。これは論理的なそれではなくして、生命的な絶対否定、主体的な絶対否定、つまり、限定された私自身の絶対否定であります。クリスト教では、「自分の命を救おうと思う者はそれを失い、わたしのために自分の命を失う者は、それを見いだすであろう」といわれますが、私どもの道場の見方では、「自分の命を救おうと思う者はそれを失う」ということは、限定された私、つまり限定された生命にとどまり、どこまでもその立場を捨てないでそれを守って行くものは、真実の私、真実の生命にはなれない、私がそういう私に拘わり、執着して、それに住まっている間は、真実の生命を失う、ということになります。また、「わたしのために自分の命を失う者は、それを見いだすであろう」といわれます場合の「わたし」ということでありますが、この「わたし」はわれわれの道場におきましては、真実の生命、真実の私にほかならないのであります。無限定な私――これは決して対象的な仏とか神とかいうものではない、どこまでも最も私に近い、最も私に親しいものであります。しかし、この私に親しいということは、私が何かであって、そしてそれに親しいということではなくして、私そのものということであります。先の「わたしのために」ということは、真実の私が成り立つために、本当の自己がめざめるためにということであります。そのために、現実の私というものが否定される、それが失われる。主体的にいうとそれを失う、そういうことが「わたしのために自分の命を失う」ということであります。それでありますからして、どこまでも「自分の生命」を失わない者は「それを見いだす」ことはできないのでありますます。そして「わたしのために」といわれる場合の「わたし」は、先に申しましたように道場の見方からいいますと、真実の自己であります。もし、神とか仏とかいう言葉を借りますならば、この「わたし」の外に神もなければ仏もないのであります。それで私たちにおきましては、その意味で、対象的な仏、対象的な神というものは、真実の仏でもなければ神でもないのであります。そういう点で、仏や神は決して絶対他者的とかいうようなものではないのであります。

われわれは普通の限定された私どもを仏教の言葉で「凡夫」というふうに申すのでありますが、本当の私というものはそのような凡夫を否定したものであります。また同時に、本当の私というものは対象的な仏というようなものを否定したものであります。それで、「凡情脱落し、聖意皆空ず」と申すのであります。本当の私というものは「凡情脱落し、聖意皆空じ」たものである。人間を否定すると同時に神をも否定する、凡夫を否定すると同時に仏をも否定する、そういう私というものが道場で申します「本当の自己」であります。私どもは普通は神に向かい仏に向かうのでありますが、そのようなことが空ぜられなければなりません。「聖意皆空ず」でなければならない。普通は凡情脱落して、聖意、いわはハイリッヒな、ホーリイな聖意に向かうわけでありますが、それは普通の聖意というものが絶対他者的である場合が多いからであります。そういう場合は、仏に向かって自分を捨てる、仏に対して自分が無になる、そして無になることによって自分がかえって生命を得ると、こういうことになるのでありますが、そういう場合の仏なり神なりというものは、それはどこまでも私どもに対して他者的なものになるわけであります。私どもの道場におきましては、そういう他者的な神や仏というものに自分を捨てる、それに対して自分が無になるということではないのでありまして、無になるということは限定された私どもが無限定な私になると、こういうことになってくるわけであります。この無限定な私、これは決して他者的なものではなくして、最も自なるものであります。このくらい私の私というべきものはない。ここにおいては全く自他はない。私が何か他を私の外にもつならば、本当の私ということはいえない。ですから、ここでいう無我は、私が無になることによって私がなくなるという無我ではない、他のない無我であります。そして、そういう無我こそ実は本当の我であります。無限定であるが故にそれを無といい、私であるが故にそれを我という、そういうことが無我ということであります。ですから、無我というものは絶対独存の実存でなければなりません。絶後に甦った私はそういう私であります。勿論、現実の私も否定されなければなりませんが、またいわゆる超越的な神仏というようなものも否定されなければならないのであります。そこではじめて「本当の自己にめざめる」、よくおちついた自己になる、底のない淵の水、それが自己ということになるのであります。私である限りそれは一切の場合に離れるということはない、私でないからして私から離れるのでありまして、私である場合は常に離れることはないのであります。一切処、一切時において常にあるのである。「真際を動ぜずして諸法を建立する」、「応無所住而生其心」、「心万境に従って転ず、転処実に能く幽なり」、「随処に主と作る」、「道

法を捨てずして凡夫の事を行ず」――これらの言葉は皆この本当の私を言い表わした言葉でありま
す。私たちはこの真実の自己に至って本当におちつき、本当の意味で安心を得ることができるので
あります。安心というものはある一つの意識の状態ではありません、感情でもなく、意志でもなく、
また思惟でもありません。安心ということは、主体的なものでなければなりませんが、普通の安心
は単にやれやれといった気持ち、感情、意識のある一つの状態になっております。しかし、そうい
うような安心はここでいう安心ではないのであります。常に働きながら働かない、常に動きながら
動かない、動かないで動く、そういうのが本当の安心であります。「おちつき」ということも、自在
の働きというものと離れた「おちつき」ならば、それは「おちつき」でも何でもない、一種の気持
ちに過ぎないのであります。「おちつき」ということは、おちついたという心でもなく、おちついた
という意識でもありません。おちついたということは、私でなければならない。立っても、坐って
も、歩いても、走っても、寝ても、起きても、泣いても、笑っても、考えても、欲しても、すべて
「おちつき」でなければならない。「おちつき」というものはいかなる場合においても失われるもの
ではない、そういうものでなければ本当の「おちつき」ということはいえないのであります。「おち
つき」ということと、「本当の自己」ということとは、二つのことではないのであります。それが本
当の坐であります。坐禅ということはその外にはない。坐というものは何か動かないもののようで
ありますが、行住坐臥、見聞覚知、ことごとくこれが坐でなければならないのであります。そうい
う坐にしてはじめて大乗の坐ということがいえます。そういうものでないものは、真実の坐という

ことはいえないのであります。私どもはそういう坐というものを得なければならない。そういう坐を坐らなければならない。「凡情脱落し、聖意皆空ず」る底、「殺仏殺祖」底、ここまで行かないことには、本当の「おちつき」にはならないのであります。

三

ところで次に、「よくおちついて」ということと、「本当の自己にめざめ」ということとの関係でありますが、一応、おちつくということは、「本当の自己にめざめる」方向であります。「本当の自己」はおちつくことによって達せられるような方向にある私であります。しかし実をいいますと、本当におちついた私の外に本当の私はないのであります。「よくおちつく」ということは一応は「本当の自己」への方向を表わした言葉のようにみえますが、しかしそれではまだ本当によくおちついたということにはならないのであります。「よくおちつく」ということは、それは目的自身でありま す。よくおちついた私の外に本当の私というものがないというのは、それがためであります。

坐というものはよくおちつく方法のように一応はみられるのでありますが、本当の坐というものは方法ではなくして、むしろ目的である。その坐というものが本当の坐でありまする時に、その坐は本当の私であるのであります。本当の坐と本当の私というものとは、そこでは決して二つではなくして全く一つである。その坐において、私は分裂でない自己、本当に具体的に絶対一なる私になるのであります。ところが、その私というものが普通容易に具体的に現成いたしません。普通は、それが推論されたものであったり、あるいは抽象的なものであったりいたしまして、それが本当に具体的な生きたものになっていないのであります。

　この前、水と波との譬えで考えてみましたように、波が主体、波が私であるとして、波立つ方向に私の統一、つまり波の統一を求めて行くという方向、その方向はどこまでも分裂した私を本とした分裂の統一ということになって参りますからして、そのような統一というものは無限の彼方に望まれるものでしかないのであります。それで、私が本当に具体的な統一を現成するということは、ただ永遠の未来のことになり、結局それは到達できないことになるのであります。また、波という主体からして水をみました場合には、これはどこまでも波からみられた水でありまして、水そのものが私になっていない。どこまでもそれは、波の根源として波の内に見られ、推論され、あるいは予想された水にほかならないのであって、決してそれは本当の水ではないのであります。私どもは、波としての分裂した私の上に立っている間は、根源への方向においても、あるいは波立つ方向においても決して一であることは出来ない。そのいずれも分裂した私の上に立ったものであって、分裂そのものの解消にはならないわけである。それでありますからして、私どもが本当に分裂からして一になる、本当の統一になるということは、この分裂した私が分裂自体を解消するということでなければなりません。つまり、波の私が水の私になる、波立った私からして、全くその波立ちが収まって水の一に帰すると、こういうことでなければならない。しかもその場合に、水というものは波の外に波から超越的にあるものではなくして、波自身の収まってきた根源であるのであります。その点におきまして、波は水に還るということによって、自分の本然の本来のものに還ると、こういうことになって参りますからして、それは波を外にして波より以外のものになるということではないのであります。波そのものの根源へ帰する、――その根源への帰し方というものは、頭で考えたようなものでなくして、これは波全体の存在的な否定でなくてはならないのであります。存在の否定としての、しかも波の絶対否定としての帰一でなくてはならない。それは超越的なものに帰して行くのではないのであります。そこにこの「よくおちついて」という方向がいわば内へという方向であるということがいえるわけであります。

　ところでこの一になった私、水に帰した私と申しますものは、決して空虚なものでもなければ、あるいは退屈なものでもありません。もしも、こうして坐っております場合、私どもの坐が退屈を感ずる坐でありますならば、それは本当の坐ではない。普通黙って坐っているということが、それが非常に退屈なこと、何か空虚なことに感じられがちであります。私どももかつてはそういうように感じたこともあります。一週間坐って一週間浪費した、何の得るところもなかった、退屈で一週間経つのが待ち遠しかったと、こういうことでは坐が坐になっていないのであります。坐というものは永遠なものでなければならない。それはいつまで坐っていても飽くということはないというようなものでなければならない。そこには退屈というようなものは微塵もない。それは実にはりきった充実したものである。これくらい退屈でない私の在り方というものはない。この在り方に対して、一切の他の在り方はむしろかえって非常に退屈なものである。普通にいう意味で私どもが働いているということは分裂しているということであり、これは実に退屈なものであります。分裂している私というものほど退屈な私はない。この点は普通の考えと丸きり逆なものになっているのでありまして、普通は何かじっとしていると退屈であるということになりますが、それはこのじっとしているということが、本当の意味で何もやっていない、じっとしていることになっていないからであります。本当の意味で一である私でないからして、じっとしているということ、何もしていないということ、それが退屈であるのであります。私どもの坐というものがそういうものであるならば、これはむしろ、何でもよろしい、何かをやっていた方がましである。坐が何かをしていることの単なる否定であれば、それこそ空虚なこと退屈なことである。これはむしろ生命の弛緩であり、ただの否定である。私どもはそういう状態というもので一時もあってはならない。どこまでも何かをするということでなければならない。しかしながら、本当にじっとしている、本当に何もしていない坐というものは、これは最も生命の緊張した、弛緩のない、本当をいうと、緊張、弛緩という二つがない、いわば絶対緊張ともいうべき生命の充実であります。この時にはじめて本当の生命というものを得るのであり、本当の生命であるのであります。それでありますからして、この坐というものにおいて私どもはむしろ無限の愉悦を感ずる。そこに無限な安らかさ、無限の慰安を感ずる。私どもがたとえそこまで達しませんでも、何か坐っております間に、坐るということでおちついてくることによって、何か安らかさとか愉悦とかを感じて、もっとこのままの状態でおりたい、もう時間が来たのか、もっと坐りたいと思いますのは、これはそのような状態が絶対的な慰安、愉悦というものへの方向にあるからであります。その方向に本当に徹し切った時が大安心であります。この徹し切った私というものの外に安心というものはない。安心ということ、救われたということ、あるいは解脱ということ、それはそこを指していうわけであります。

マイステル・エックハルトは、「神を非神、非霊、非人、非形のように愛せよ」ということをいっておりますが、神を神でないように愛するということは、これはどういうことでありましょうか。神を神であるように愛するということ、これは普通でありましょうが、神を神でないように愛するということは、これは神というものと私というものとの分裂というものをなくするということによってはじめてできることであります。神を形がないように愛するということ、こういう愛し方ということは、神が対象的でありますならば形があるわけでありますからして、これは不可能であります。霊であってもいけない、人であってもいけない、人格であってもいけないという愛し方というものによって、アンチノミーというものがなくなる、二律背反というものがなくなる。全く純な無垢な一になることができる。その一においてわれわれは存在（Sein）からして非存在（Nichts）というものに沈潜（Versinken）するのである、こういうふうにエックハルトは申しておりますが、もしも神が私の外に対象的にありましたならば、これは存在であって非存在、無であるとはいえないのであります。この無は私どもの立場から申しますならば、これが本当の私であります。ここへ沈潜するということ、これが本当の「おちつき」であります。沈潜という言葉は、これはおちついて行く、沈んで行く、沈澱して行くということ、泥がおちついて、波立ち濁った水がすっかり澄み切って行くということを意味しております。その澄み切った水というもの、それが無（Nichts）である、それが私である。それはもはや形のないもの、無相なもの、無形なものである。この無形無相なものにおいてはじめて私が一切のものから解脱する、救われるということができるのであります。仏がもしもまだその外にあるというようなことでありますならば、それは本当の仏ではないのであります。私の外に仏というものはない。仏もなければ人もない、仏もなければ衆生もないという私というものが、一に沈潜した私であり、本当に神を愛し、仏を愛する私であります。ここにおいては愛するものと愛せられるものとの二つはもはや微塵もありません。全くの一でありますが故に、その一は絶対に清らかである。そういう一をもし心と申しますならば、心清きものにしてはじめて真の私を見ることができる、本当の私を見ることができるのである。本当の私の外に神はありません。これは一でありますが故に、富んだものではなくして、貧困なるもの貧しいものである。富んだものは本当の自己にめざめることはできない。沢山にものを持っているもの、分裂して一でないもの、それが富んだものである。一は実に単純である、単であり純であって、そこには一点の塵さえない、全くの一である。これほど貧困なものはない。絶対貧ともいうべきものである。それでありますからして、そういうものを普通虚無に譬えるのであります。全くの虚無であって、その内にも外にも何ものもない、内外ともに一物も存しない、全くの無一物、これこそ本当の貧困（Armut）であります。六祖大師が「本来無一物」といったのはそこを指していったのである。貧しきものでなければ天国に生まれることはできない、といわれます場合のその貧しい私、この私の外には神もなければ天国もないのであります。その外に天国の天国と称すべきものもなければ、神の神と称すべきものもないわけであります。

で、私どもが本当に実究し、坐禅をするということは、これはその根源の処で皆結びつき、根源の処で皆語り合っているということであります。すべて一において語る、このくらい大きな語りはないわけであります。言葉で話し、動作で語るという、こういう語話というものはまことに退屈なものである。じっとしていて、語りもせずに、それが本当の意味での語り方でありますが、そういう語り方というものをわれわれはしたいと思う。身体で語らず、口で語らず、心で語らず、何もせずに、口一つ動かさず、身一つ動かさない語りというもの、この語りこそ唯仏与仏の語りである、仏と仏というものの語りである、話である。そういう根源的な話というものが外に表われて、口なり身なり意《こころ》なりに表われ出て、それが話すということになって、はじめてその表われた語りというものが私の真実の語りになってくるわけである。常に私の語りはそこからの語りでなくてはならない。実はこういう根源的な語りというものが普通にはないのであります。それであります からして、黙って坐っております間に実にぎこちなく退屈に感ずる。これは黙るということが判らないからであります。真の黙というものは本当の私でなければならない。常に私がそれでありますならば、黙るということが最も賑やかなことである、一切の賑やかさというものを未だ形にならない前に一体として自らの中に含んでいることであります。形に表われた賑やかさというものは、単なるやかましさに過ぎない、結局は幻滅を感ずるものである。賑やかさであればあるほどついには淋しさを感ずる。これに反して本当の賑やかさというものは一黙の中にある、無の中にある。この無の中に私というものがあります間、この孤独ほど賑やかなものはない。普通のさみしさ、普通の孤独というものは、賑やかさを求むるさみしさであり、孤独である。そういう孤独というものはこれは退屈なものである。絶望である。けれども本当の孤独、これは未だ表われざる前にすべてを含んだ孤独である。「乾坤ただ一人」ということを申しますが、この天地の間ただ一人というその一人、これが本当の私であります。

「無一物中無尽蔵」というような言葉がありますが、これを観照的、静観的にみては間違ったことになります。どこまでも汎神論的な意味ではなくして、形なき私、形に表われる以前の一即一切である私、これが無尽蔵なる私である。それは一であって多である。「無一物」であって「無尽蔵」である、こういう私、それは常に私でありますが故に、私がそこから離れるということはないのであります。離れたならば私ではない、それが本当の私というものである。そのような私というものが一切の働きにおいて私である。その時初めて私の働きというものが本当に自主的になる。いわゆる「静中の動」「空即是色」「涅槃即生死」というようなことがいえるわけであります。多の内に統一があり、統一の内に多がある。「一即多」というようなことも、そういう場合に初めて道《い》い得る真言であるわけであります。私どもが本当にその一というものにならない間というものは、その一というものは真の一ではない。本当の一に達しない間というものは、われわれは「よくおちつく」ということはできない。本当の一、これが人間というものが根源的に求めている「おちつき」であります。人間である以上、どこまでもこれを求めるということが、その本来の願いでなくてはならないのであります。われわれはそれを普通は自覚しない場合が多いのでありますが、しかし、本当にわれわれが現実の自分の在り方というものを反省いたします時には、自然にそういう要求というものが起こらざるをえないのであります。此処に本当の宗教というものがある。私どもの考えます宗教というものは、そういう自己にめざめるという処にあるわけであります。それでありますからして、「よくおちついて本当の自己にめざめる」ということが、私どもの宗教であるのであります。

四

これまで、『人類の誓い』の内の「私たちはよくおちついて本当の自己にめざめ」という場合の「よくおちついて」ということについて主として考えてきたのでありますが、これからしばらく「本当の自己にめざめ」という事柄につきまして考えてみたいと思います。「よくおちつく」ということと「本当の自己にめざめる」ということとは、この『人類の誓い』の場合におきましては、非常に密接な関係があるのでありまして、「よくおちついて」ということは、前回にも申しましたように、一応「本当の自己にめざめる」ということの方法とも考えられるのであります。「よくおちつく」ことによりまして「本当の自己にめざめる」――こういうふうに考えますというと、「よくおちついて」ということは「本当の自己にめざめる」方法であって、「本当の自己にめざめる」ということは、到達すべき目的であるというふうにもいえるのであります。

ところで、「よくおちついて」ということには、一応三つの段階が区別されます。この三つの段階の第一は、「形のあるおちつき」いわば「有形のおちつき」であります。これは身心ともに申すのでありますが、心と身体というもの両方についていわれる「おちつき」であります。「身のおちつき」と「心のおちつき」、こういうものであります。それはまた身があり心がある「おちつき」でありますす。ところでこの「有形のおちつき」は、第二段階の「無形のおちつき」というものに進まなければなりません。形のない「おちつき」でなければ、本当の「おちつき」にはならない。つまり身体的な「おちつき」でもなければ、心の「おちつき」でもない、心というものも身体というものもそこで脱落した「おちつき」でもなければ、本当の「おちつき」にはならない。しかし最後に、心や身が脱落したというだけの「おちつき」というものでは、まだそれは究極の「おちつき」とはいえないのであります。心や身があって、しかもそれでさわりのない「おちつき」というものにならなければならない。つまり「形がないおちつき」というものが、形の中においてもさわりなくおちついていると、こういう第三段階の「おちつき」ということにならなければ、究極の「おちつき」とはいえないのであります。ただ身心が脱落したというだけの「おちつき」ではなしに、一切の形の中においてしかも形のない「おちつき」というものがある。「無形のおちつき」というものがある。こういうのでなければ究極の「おちつき」ではないのであります。「動中の静」と申しますか、そういうものにならなければならない。「八風吹けども動かず」というような「おちつき」、「八風」の外の不動というようなものではなくして、「八風」の中において不動であるという、そういう不動、そういう「おちつき」でなければ、究極の「おちつき」ではないのであります。

ところで、「よくおちついて」ということの三段階は以上のようなことになるわけでありますが、ちょうどそれと同じことが、この「本当の自己」というものについてもいわれるわけであります。「形のある自己」というものはどのようなものでありましても、まだ「本当の自己」であるとはいえない。「形のない自己」というものが、それがむしろわれわれの「本当の自己」である。しかし単に「形のない自己」というものは、また究極の自己ではない。形の中において形がない、一切の形の中において無形である、無形でありながら一切の形の中にある、そういうようなものでなければ、究極の「本当の自己」ということはいえない。こういうことになるわけでありまして、ちょうど「おちつく」ということと「自己」ということ、その三段階は双方全く一致することになるわけであります。

『心経』にあります「色」というのは、これは「形のある自己」ということになるわけでありまして、われわれが普通衆生と申しております人間、つまり現実の人間というものは、これはその「形のある自己」であるのであります。それは身体的・精神的、精神的・身体的というような自己でありますが、そういう身心的な自己というものを脱した処、つまり色が空になった処、色に死んで空に生きた処、そこがいわば「色即是空」ということになるわけであります。そして、この色からして空に転ずるということが、どうしてもわれわれの進まなければならない方向であると思うのであります。ところが現実におきましては、この空というものが現実の自己からは超越的になるわけでありまして、そういう空というものが現実にならない、どこまでも超越であってそれが現在にならない、というようなふうに考えますというと、それはいわば全くの他者的なものになりまして、ちょうど有神論的な形をとってくるわけであります。

それで空というようなものが超越的なものと考えられます場合、内在的な超越と外在的な超越とが考えられますが、普通、仏教のそれは内在的超越であるというふうに考えられる、空というものは普通内在的超越というふうに考えられるのであります。しかし、その空というものがどこまでも内在的超越であるというふうに考えられますというと、そういう空というものは汎神論的になる。そしてそこにそういう空というものと現実との関係において宗教というものが成り立つ、仏教というものがそこに成り立つと考えられるわけであります。しかし、どこまでもそういうふうに考えられてしまうということは、これは仏教の本来ではないわけでありまして、仏教の本来というものはその内在的な超越というものが超越ではなくして、それが現在になる、現実になる、そういうことであります。それが仏教の「色即是空」ということでありまして、現実の色の方から申しますというと、色が空化するとか、空に転ずるとか、空に脱却するとか、あるいは空というものに解脱するとか、こういうことになってくるわけであります。つまり、人間が仏になるというようなことになってくるわけであります。

「身心脱落」というようなことを申します場合も同じでありまして、身心が脱落してそして空になる。脱落ということはつまり空になる、「色即是空」といったそういう空になるわけであります。解脱と申しますのはつまりそれであります。

それで、仏を求めるという場合でも、心外に仏を求めるなということを申しますが、この心の外に仏を求めないということが、仏というものは内在的であるから、内在的に仏を求めて行かなければならない、外に求めてはならない、というふうにしばしば解されるのであります。仏というものは内在的超越であるからして、内に仏というものがあると、こういうふうに考える。外在的超越というものは仏教における仏の方向ではない、それはどこまでも内在的である、求める方向は内にある、だからして内に在ってしかも内に在る超越というものが実は本当の自己であると、こういうふうによく考えられるのであります。まだ内在的超越として仏があるというような場合、そのような意味を表わすためによく仏性というような言葉が使われまして、衆生というものには仏性がある、すべての人間というものには仏性がある、とこういうことを申します。これは衆生の内に仏というものが内在しているということであります、普通の衆生から申しますというと、どこまでも仏が内在的な超越になっているということであります。

しかし、内在的超越であります仏というものが、現実からいうとどこまでも超越であるということは、本来からいうと仏教の立場ではないんでありまして、その超越というものが超越でなくなるということ、それが本当の仏教なのであります。だからしてそういう意味から申しますというと、外在的超越であると考えられるような神とか仏とかいうものも、本当の仏の在り方ではない、また内在的超越と考えられるような仏というものも、本当の仏の在り方ではない。本当の仏の在り方というものは、これはどこまでも超越ではなくして現在であると、こういうことになってこなければならない。仏が現在であるということが、それが空ということになるわけでありまして、真如とか法身とか申しますのはつまりそれであります。その場合にはもうそれは超越ではありませんからして、現在である、今である、此処である。真仏というものは現在此処である、しかも現在此処であって形がない、身心脱落している。身心脱落した自己の外に仏というものはない。身心脱落すれば、その身心脱落した自己というものがそれが仏である。解脱というもの、救いというものが其処に成り立つ。涅槃とか、浄土教でいうのとは逆に、本源に還るいう意味での還相というものは、其処において成り立つわけであります。

で、坐というものにいたしましても、本当のそれは身心脱落の坐でなければならないのであります。われわれが本当に坐っているということはどういうことか、それは身心脱落しているということである。空ということである。身が坐っているのが本当の坐でないことはもとよりのことであるが、しかし、心が坐っているのでも本当の坐ではありません。心の坐でもなければ、身の坐でもないような坐というもの、そういう坐にわれわれは徹しなければならない。そうすれば、其処において初めて涅槃というものが現成してくるわけであります。

浄土教なんかで申します「自然虚無之身無極之体」ということ、これは自然であって虚無なる、全く空なる身ということでありますが、このような場合の自然ということは、われわれの本来の在り方を指してそういうわけであります。身心脱落した自己が仏教で申します自然ということでありまして、その自然というものは空である。虚無である。この「虚無之身」といわれる場合の「身」というものは、決して身体的なそれでもなく、また精神的なそれでもない。いわばそれは本体である。今日の言葉でいえばエクジステンツという言葉でそれを言い表わしてもいいと思う。今日の実存主義なんかでいっておりますエクジステンツとはその内容が非常に違ったものでありますが、これはやはり実存ということがいえるのである。

それで、「自然虚無之身」というものが現成してくるわけでありますが、それが、先に申しました「よくおちついて」ということでいえば、「よくおちついて」の第二段階に相当することになるわけであります。そこのところをよく「凡情脱落」というように申します。これは凡情が脱落して、そして涅槃が現成する、法身が現成するということであります。しかしその凡情が脱落したということが、それがただ単に身心というものがないということだけでは、それはまだ「本当の自己」ということはいえないわけでありまして、その自己というものは、それをもし一と多ということから申しますというと、つまり一になるわけでありまして、「万法一に帰す」というようなそういう一になるのであります。いわば多即一と、多が一に帰する、一切の多は一であるというそういう一であります。で、その一というものが単なる一でありますというと、それは多の外にある一というものになってしまうわけでありますが、実はしかしそうではないのである。一に帰した一というものは、多の内において一を失わない一でなければならない。多と別な一というものではなくして、多の内において決して失われない一というものでなければならない。そういうものであって初めて、一が多の外の一ということにはならないわけである。多の外の一ということでありますというと、やはり一も多になって、本当の一ではない。そういうところから、一は単なる一ではなくして、一即多であるといわれるのである。したがってそれは、一の内の多であるということがいえると同時に、多の内の一ということがそこではいえるようなものでなければならないのであります。

そこでよくいわれるように、「万法一に帰す、一も亦守らず」ということになってくるわけである。一をただ守っているというのでは、これは禅などで申します頑空、但空というようなものになってしまうのであります。この一というものをもし法身とか真如とかいうようなふうに申しますというと、それは聖意である。いわばホーリイ、ハイリッヒなる聖意ということになってきますが、聖にもですね、仏教では二通りあると思うのであります。超越としてみられた聖というものは、外在的超越にしましても、内在的超越にしましても、とにかくそういう聖というものは否定されなければならないが、しかしもう一つ高度の聖というものがある。つまり超越でもなければ内在でもない聖というもの、現在である聖というものがある。いわばこれが真如とか、涅槃とか、一とかというものになってくるわけである。そういう高度の聖、高い次元の聖というものは、低い次元の聖が否定されてそこに成り立つ聖というものでありますが、この高い聖というものもまた、ここに住まっているならば、それは本当の聖ではないということになるわけであります。

それで、「凡情脱落して聖意皆空ず」とか、「万法一に帰す、一も亦守らず」というようなことがいわれるわけであります。ここはことに禅で申しますというと、臨済禅で非常に喧しく申すところであります。曹洞禅を臨済禅が批判しますのは、曹洞禅というものはその一のところに住まりがちである、その一に坐り込む、その一に腰をおろす、空に坐りこんで動けない、という点を申すのであります。またとかくこの坐の弊というものがそこにあるわけでありまして、坐禅というものが単なる坐禅というものになってしまう。それはつまり、その一の処に住まる、一の処を究極のものとし、究極のものというようなふうに考えるということであります。もうそうなりますというと、じっとそこに坐禅している、坐りこんでいるということが、それが究極の境地であって、そこから動くというと逆戻りするというようなふうに考える。それがまたもとへ戻ることだ、せっかく一の処に行きついたのにまた逆戻りだと、こういうふうに考えられるようになってきますというと、その一というものは逆戻りによって失われる一というものになる。これは非常に大事な処であると思うのであります。

プロティノスなんかも、「一」のエクスタシスに一生の間に四回なったというふうにいわれておりますが、もしただそういうことだけでありますならば、その「一」というものはやはり何かその一時的なものになるわけであります。それはある一時的な、ある一つの場所においての経験とか体験というものになってしまう。で、そういう一つの境地に入るということになって、それが永遠の主体性というものにはなってこないのであります。そういうものでは決して本当のものではない、真の「一」ということはいえないのであります。真の「一」というものは、決してある体験ではない。「身心脱落」ということは永遠なものであって、決してもうそこからして離れることのないものである。離れることのないものというのは、それが自己である、真実の自己であるからであります。真実の自己というものは、これは永遠の自己である、時間空間というものに制約されない自己である。そしてそれでこそ、これが不生不滅の自己であるということがいえるのであります。それはもはや決して生滅のない自己、つまり涅槃としての自己ということがいえるわけである。それ故、ある時にはそれになったが、またそれでなくなったというような、そういうものであるはずはないのであります。「平常心是れ道」と申しますように、それは平常の心である。平常ということは、もうそれでなくなるということがないという意味でなければならない。坐っておって好い気持ちになったが、坐を解いたらなくなってしまったというようなものでは、それは幻影に過ぎない。本当の坐というものは、不生不滅の坐でなくてはならない。生滅の中にあって不生不滅である、不生不滅であって生滅の中に働く、とそういうものでなければならない。そういうものであって、前述の「よくおちついて」の第三段階に相応する「一」、「自己」というものになるわけであります。立っておろうが、坐っておろうが、寝ておろうが、考えておろうが、生きておろうが、あるいは死のうが、常にそれが自己である。そういう自己でなければ、真実の自己ということはいえない。もうそういう自己でなかったならば、自己ともいえないのであります。

それでありますからして、「凡情脱落聖意皆空ず」ということがここにでてくるわけでありまして、ちょうど浄土教などで極楽に往きっきり、往生しきりということは本当の往生ではない、そういうことを申しますが、このことの真意というものは、一に住まったならば本当の一ではないということにほかならないのであります。臨済禅ではそこをやかましく申しまして、そういう空の立場に住まって「一」にひっかかっているようなのを、「鬼窟裡に堕在する」とか「暗窟裡に堕在する」とか「黙照の邪禅」だとか申しているのは、それがためであります。黙照禅における空というものは本当の空ではない。本当の空というものは、無碍自在な何の障りもない、いわゆる「事々無碍」的なものでなければならないのであります。ちょうど、浄土教で申しますというと、還相的な自己というものが、それが「本当の自己」であるわけである。

しかしながら、自己と申します場合には、やっぱりそれは「一」である自己、不生不滅の自己、空なる自己、それが真の自己でありまして、それがやまり、それでなくなるということはないのであります。だが決してそれは普通申しておりますような「常一主宰」といったようなものではない。仏教以前の神観というものと違ったところが、仏教にはあるわけである。空だということは「常一主宰」ではない。空なる自己というものは当然自覚でなければならないわけであって、それは覚しているものである。だから決して信ぜられた他者的超越的な意味での仏だとか、自分が達する目的としていつもそれに帰依しているというようなものではないわけであります。本当の仏というものは、それが私として自由自在に働くというようなものになってこなければならない。それはいわば本当の自覚というものになってくるわけである。しかしこの自覚は決して普通申しているような個人の自覚、現実的人間の自覚というようなものではない。それとは全く違ったものである。かえってそういう自覚というものが死んで、無覚になった、というよりはむしろ無我になった自覚でありまして、無覚が真覚であるというようなことがいわれますが、そういう無覚というものはどういうものかといいますというと、普通の自覚が無くなるという意味であります。無覚が真覚である、無我が真我である、無心が真心であるというような言葉も、そういうところで成り立ってくるわけであります。

われわれはまず第一に、本当にこの坐というものに、この身心脱落の坐というものに徹しなければならないと思います。もうこれに徹し切りますというと、どうしようがこうしようが、しばらくもそれから離れることのない道というものが、「道はしばらくも離るべからず」という、そういう道がそこに現成するわけであります。われわれの道場の宗教というものは、宗教と申しましてもよほど普通のものと違っておりまして、神を信ずる宗教とか、仏を信ずる宗教というものとは違った意味のものになると、私は考えるのであります。それはあるいは新しいヒューマニズムというようなふうにもいえるのではないか。新しいということは、もはや新旧がないということが真に新しいことであるという意味における新しいということであります。

さて、皆様、これまではただ説明でありまして、頭で分かっただけでは「本当の自己にめざめた」ということには決してならないわけでありますからして、何が何でもこの「真実の自己にめざめる」処まで行っていただきたいと思います。

五

私どもは何故に「本当の自己にめざめ」なければならないか。これには「本当の自己」というものの在り方が答えてくれるわけであります。「本当の自己」にめざめました時に、はじめてわれわれは、本当にめざめなければならなかった、めざめるということが本当であった、ということが自らいわゆる「冷暖自知」的にはっきりと証せられるのであります。普通、人間が救われるとか、あるいは解脱するとかいうようなことを何故に求めるか、これにはいろいろな契機があり、また理由があることでありますが、しかし一般的に申しまして、われわれが救われなければならない、解脱しなければならない理由というものは、人間というものが畢竟絶対否定的なものであるというところにある。つまり、人間というものはそれ自身深い意味でニヒリスティックであるというところにある。このニヒリスティックであるということが、私どもに本当に自覚されました時、その時に初めてわれわれが救われなければならない、解脱しなければならないということが、了了と自覚されて参りまして、其処に立っても居てもいられないやむにやまれぬ宗教的要求として、いわゆる求道ということが起こってくるのであります。人間が畢竟ニヒリスティックであるということにおいて、人間が宗教的要求をもつべきものであるということの客観的な理由というものが、明らかになると思います。

何故人間はニヒリスティックであるか。これは一般的に申しますならば、人間が何かである、人間がエトワスである、あるいは有限なものである、限定されたものである、こういう点にあるといっていいだろうと思います。人間が「何かである」ということが、それが絶対否定的であるということになってくると思うのであります。何かであるが故に、われわれはその「何か」に繋縛され、とらわれるのであります。『無門関』なんかに申しておりますように、われわれは「依草附木の精霊」である、つまり、草に依り木に附いた精霊である。精霊と申しますというと人間の魂と申しましょうか、一般的にいえばつまり人間の存在ということであります。草に依り木に附いた存在である。この場合草とか木とかいうようなことは、これはただ言葉の上のことでありまして、その意味というものはわれわれが「何かである」ということであります。この「何かである」ということは、もし具体的に申してみますならば、これは身心的であるということになると思われるのであります。人間が身心的であるということ、これが「何かである」人間の具体的な形である。この身心的であるというそのことが、それが畢竟解脱しなければならない理由になってくるわけであります。そこで「身心脱落」というようなことが要求されて参るのでありまして、たとえば道元は「身心脱落」ということによって、「何かである」つまり身心的である人間からして、身心を脱却した人間になった、真実の人間、「本当の自己」というものにめざめた、つまりそこで覚したわけであります。

　この身心でない自分というものは普通はどうしても考えられないようでありますが、しかしこの「身心脱落」した自己というそういうものは、今日までいろいろな歴史的記録にも残っているのでありまして、そういう実例というものはことに東洋におきましては無数に見られるといっていいのであります。それが空、無、真如、法身、無一物、廓然無聖と、実にさまざまな言葉で言い表わされているのであります。これらの言い表わし方は人間がただ頭で考えたというだけのものではなくして、実際にそういう人間の在り方の自覚に立って、その状況というものが言い表わされているのでありまして、われわれが実際にその状況に至ってみますというと、その言い表わしというものが何の不思議でもない、当たりまえのこととして理解されるのであります。

そういう「身心脱落」した自己というものは、それはわれわれの身体的・精神的な限定というものから脱却した、全く「何ものでもない」、一切のどういうものでもない自分というものになるわけでありまして、そういう自分というものの自覚において初めて救いとか解脱というものが成り立つのであります。解脱とか救いとかいうようなことは、そういう自己の上において必然的に成り立つものでありまして、その自己というものは、何ものにも拘束されない、何ものでもないという点において当然解脱体、解脱した主体であるのであります。六祖大師が「本来無一物、何ぞ塵埃をひかん」というようなことを申しましたが、それはそのもの自体の上には塵の塵とすべきもののない、全くの「無一物」であって、ちょうどとぎ澄ました鏡のような、全くの無的な自己であります。で、これが自覚されました時には、一切の塵というものはおのずから無くなってしまう。ちょうど日が出て闇がなくなるように、それが自覚されるということによってわれわれは救われ、解脱する、こういうことになるわけであります。よく「紅炉上一点の雪」というような言葉もありますが、真赤な火の上に雪が散りかかる、それは直ぐに融けてしまうというようなふうに、それ自体もはや「依草附木の精霊」ではない、何かにくっついたものではないのであります。それは何ものでもないが故に、何ものにも拘束されないというものになってくるのであります。

だから、救いというようなことは、決してよそから救われている、他からして助けられているというようなものではなくして、それ自身がそれ自身の在り方において、救いというもの、解脱というものが成り立っているのであります。で、救いというようなことも、神によって救われるとか、仏によって救われるというようなことではないのでありまして、自分自身が「本当の自己にめざめ」た時に、救いというものが成立することになってくるのであります。解脱というものが自分自身の在り方の上に実証されてくるのであります。で、そういう方向に華厳などで申しますいわゆる「還源門」という道があるわけである。この源に還るということは、つまり、「本当の自己にめざめる」ということにほかならないのでありまして、あるいは浄土真宗で「往相」と申しますのも、本当はそういうものでなければならないのであります。また天台などで「止観」と申します場合の「止」の方向というものは、やはり華厳の「還源門」と同じ方向でありましょう。あるいはそれを禅で「掃蕩門」とも申しますように、これはすっかり掃い除けるという意味でありますが、この掃うということは結局絶対否定、つまり身心的な自分というものからして、脱落的な自己というものになるという意味になってくるのであります。あるいはまた禅家などで「大死一番」と申しますようなものも、そういうことになる。六祖大師なんかも「不思善不思悪正与麼の時汝が本来の面目」というようなことを申しておりますが、この不思善不思悪というのは善も思わず、悪も思わずということであります。しかしこれはただ善悪だけではない、善悪で代表させているだけでありまして、一般的に申しますならば、「何かであってはいけない」ということであります。善であってもやはり何かである、悪であってもいけないことは勿論でありますが、善悪ともに思わない、単に思わないというのではない、「身心脱落」である。この「身心脱落」ということによって、善悪だけではなしに一切を思わない、それがいわゆる「非思量」である。身心がありましたならば思量であって、非思量底ではないのであります。非思量と申しますことは、ただ考えないというだけの意味ではないのでありまして、そこには考える主体というものの存在の否定ということがなければならないわけでありまず。つまり「何かでない」ということが非思量である。また「非思量」ということは、ただ単に普通いう意味で何も考えないということではありません。それどころか本当の非思量は覚であります。身心脱落した覚でありますからして、その覚というものは「非思量底の思量」であります。その思量は非思量が自覚するという思量でありますからして、普通の思量でないことは無論のことであります。

で、そこへ到ります方法として、やはりこの坐というようなものも、東洋において古くからして今日まで伝わってきているわけでありますが、この坐というものは「身心脱落」の坐でなければなりません。何ものでもない私というものが、それが本当に坐っている自己なのであります。「本当の自己にめざめ」た時、初めて本当の坐というものが現成するわけでありますし、本当の坐が現成した時、その時が「本当の自己にめざめる」時であります。「唯識」などで、ことに「唯識」は瑜伽《ヨーガ》と密接な関係がありますが、瑜伽というものは大体ものに心を集中するということ、つまり三昧ということになっているのであります。しかし、このものに心を集中してものと一つになるということが、それが何か或る外のものと一つになるということでありますならば、それは本当の究極の瑜伽ではないのであります。究極の瑜伽というものは、自分が何ものでもなくなるということ、しかも、自分が何ものでもなくなるということと自分が一になるということとが同じことになることでありますつまり、身心脱落した自己というものが、それが本当の瑜伽である。だからして、集中するもののない集中、集中するものもなければ、集中されるものもない、能も所もない集中、それが本当の瑜伽である。それはただ何か個別的に能所、つまりノエマ・ノエジスがないというのではなくして、それ自体ノエマ・ノエジスというものがない自覚である。全く能所のない自覚、一なる自覚というもの、それが本当の瑜伽である。だからして「空三昧」というようなことになってくるわけでありまして、そういう三昧はあるいは「王三昧」というような言葉でも言い表わされているのでありますす。止観の「止」というようなことも、結局はその「王三昧」を申すことになるのであります。

ところで次に、この「王三昧」というものが、ただ単に何ものでもない自分というだけでありますならば、それはまた本当の自分、真実の自分ということはいえないのであります。本当の「王三昧」というものは真の自己、真の主体でありますからして、それがまた障りなく一切のものにおいて働く、一切のものとなって働く、こういうことになってくるわけでありまして、そこにそれの自由な働きがあるわけであります。それは、常に空にしてしかも有である、つまり、「脱落身心」あるいは「空即是色」というようなことになってくるわけでありまして、そこに華厳で申しますというと、「性起」あるいは「起動門」というものがあるのであります。つまり、前述の「還源門」に対する「起動門」がここに成り立つわけであります。また天台で申しますというと、止観の「観」というものがそこに成り立ってくるわけでありますし、浄土教であれば往相に対する還相というものがそこに成り立つわけであります。また禅などで申しますというと、これは「絶後に甦る」というようなそういうことであります。「大死一番」によって平等門に入る、そして「絶後に甦った」処で差別門に出てくるのであります。あるいは掃蕩門に対しては、此処に建立門というものが成り立つわけであります。ちょうど「ヴィア・ネガティーヴァ」に対して「ヴィア・ポジティーヴァ」といったようなものに、これはなってくるのであります。単なる空とか無ではなくして、働く無というもの、働く空というもの、そういうことが空の本当の性質でなければならないのであります。それですから空を体として、その働きを用というふうに仏教では申しておりますが、この体というものは主体でありますからして、そうでなくなるということは決してないのであります。そして、そこに自己というものがあるのであります。自己でありますが故に、それは常に離れるということはない、主体であるからして常に自分がそれであるのであります。「本当の自己」というものは、もはやそこにおいては何かではないのでありますからして、不生不滅ということもいえるわけであります。あるいは永遠であるとか、不変であるとか、時間空間を絶するとか、尽十方にみちみちているとか、過去現在未来にわたるとかいうような言葉でそのことは言い表わされております。つまり、永遠なる自己、不滅なる自己、不生不滅の自己、これを本来の面目というのであります。生じたこともなければ死ぬこともない、そういう自己というものが永遠の現在であり、無限な当処である、此処であるということがいえると思うのであります。

だからして、この坐というものも、本当の坐というものは、これはそういういわば方向のない、あるいは時間のないものでなければならないと思うのであります。そして、そういうものの働きとしてそこにこの一切の差別というものがでてくるのであります。

ところで、われわれはどういう方法によって「本当の自己にめざめる」ことができるか。その方法というものがここで非常に大事なことになって参ります。この坐というものも、勿論これが唯一の方法とはいえないと思いますが、その一つの方法であります。しかし、以前にも申しましたように、この坐というものがややもしますというと、働きのない一というもの、平等というものに堕してしまう弊がある。また、公案というものも一つの方法でありますが、公案というものも、ややもしますというと、単なる働きというものに堕してしまう危険性がある。それで本当の方法というものは、往相と還相とが同時に成就するような、そういう方法でなければならない。これは、本当の意味で死んで甦る方法でなければならないわけでありまして、その方法というものは、古来仏教におきましてもいろいろの方法が案出されているのであります。祖師方はそれぞれ皆その方法を工夫しておられるのでありますが、またそれができてしまうというと、そこにいろいろの弊があるのであります。それで、われわれといたしましては、今日この方法というものを確立するということ、この方法を見いだすということ、これがまた大事なことになって参るわけであります。この方法を見いだすことにおいて、われわれは本当に間違いなく往相還相というものを成就することができるわけである。道場も自ら往相還相に徹すると同時に、またいかにしてすべての人が往相還相に徹することができるようにするか、これが道場の大事な課題でもあるのであります。これはわれわれ各人が工夫しなければならない点であると思いますが、どういうふうにしてそれを成就するか、私の案というものを一つここで御披露してみたいと思います。

今日はこれだけにいたしまして、私の案はまたこの次に申し上げてみたいと思います。

六

前回、『人類の誓い』にあります「本当の自己にめざめる」ということにつきまして、私の考えております処を聴いていただきました。これはただ私が頭で考えたとか、あるいは感じたとかいうようなことではなくして、私の全身全霊をもって体験いたしましたものに基づいているのでありまして、いわばこの体験の内容、あるいはよく自内証ということを申しますが、いわば私の自内証というものになるわけであります。それで私としては、それは私自身の在り方、また他面人間というものの真実の在り方でなければならないものだと自証しているものであります。で、結局これは、現実の人間の在り方を究め尽くして、その底にいわば絶対的なアポリアというものに撞着いたしまして、それを内に破ってそこに新しく生まれ変わった自分というものを証する、自分にめざめる、そしてそのめざめた自分というものが本当の母体となって働く、こういうことになってくるわけでありまして、いわば絶対に死して甦る、絶後に甦るということになるわけであります。これをまた「窮すれば通じ、通じて変ずる」と、こういう言葉で言い表わすことも私はできると思うのであります。普通は「窮すれば変じ、変ずれば通ず」というようなことを申しますが、私はこれを言い換えまして「窮すれば通じ、通じて変ずる」と、私の立場からはこういうふうに申した方が適当であると思うのであります。というのは、現実に死んで往相する、往相して滅度に入る、滅度から還相する、ということのいわば三つの段階というものが、前述の「よくおちついて」の三つの段階に相応して、「本当の自己にめざめる」という場合に、われわれが必然的に通る段階でなければならないからであります。それでどの段階が欠けても、それは真実の自己にめざめたことにはならないわけでありす。しかし、この三段階というものをわれわれがどうして自己身上において経過するか。ただ、それがそういうものであるということが説明されただけでは、それは私自身がそれを経歴して、「本当の自己にめざめた」ことにはならないわけであります。どうしたならばそういう真実の自己にめざめるか、そこに、私どもが真実の自己にめざめる方法というものが必然的に要求されて参るわけでありますが、この方法というものがなかなか容易なものではないのであります。古来随分、この方法をどうして樹てて行くかということにつきましては、われわれの先輩が辛苦して考えて参ったのであります。この方法の確立ということが、これが宗教としましては最も大事なことでありまして、方法というからにはそれは万人がそれを行なって「本当の自己」に到達することができるような、そういう普遍的なものでなければならないのであります。誰でも行ない得る、また真実にそれを行ないましたならば必ずそれに到り得るという、そういう確実なしかも公なものでなければならないわけである。皆様方もそういうものについて、いろいろと御工夫なさっていることであろうと思いますが、これは自分が「本当の自己にめざめる」ということと同時に、また人にもめざめてもらうというものでなければなりませんので、自分のためだけではなしに、すべての人々のために、私どもが真剣に考えなければならない問題であると思うのであります。これが確立し建立されるかどうかということは、私どもが本当に宗教的になる道が開けているかどうかということになってくるわけでありまして、まことにこれは大事な問題であります。人間の在り方にとりまして、これくらい大事な問題というものはないといってもいい。真剣に自分の在り方を考えるものにとっては、このくらい大事な問題というものはないと思われる。

しかし、さてこれをどういうふうに建立すべきものでありましょうか。そこで、私は上述の三つの段階が欠けることなくすべて具わって、一挙にして、本当の自己にめざめる方法、そういう方法として一つの私案を皆様に御披露し、そしてそれの御批判を願いたいと思うのであります。

これは私の私案でありますが、しかしながら私としましては、これは公案として確立したいと、こういうふうに自分は希望をもっているのであります。それは結局は私どもが本当に自分の絶対否定という処へ至る方法であります。それによって、其処へ自分で自分を追いつめてゆく、追いつめて追いつめてそして本当に窮する、自分が自分を絶体絶命の場に追いつめてゆき、そしてその絶体絶命の場からして自分がそれを脱け出る。つまり、この絶体絶命の場というものは、自分が何かであるということ自体、それが絶対否定的である場であって、しかも同時に、自分自身絶対否定的になって来る場でありますからして、そういうところへ自分を追いつめて行って、そして其処から脱却して、何かでない自分というものになる、何ものでもない自分というものになる、以前申しました言葉でいえば第一段階から第二段階に入る、そして同時に、この何かでない自分が第三段階として一切の働きに自在に出てくる、こういう三つの段階が一挙にして現成する方法というものを私としては考えているのであります。

で、こういう方法といたしましては、禅の方では「趙州の無字」の公案というものが、普通そういう方法として用いられているのであります。私はこれにつきましてはここで詳しく申し上げることはできませんが、これまで申し述べて参りましたような方法としては、欠陥があるというふうにこの公案を批判いたしておるのであります。それで、むしろ「無字の公案」というものよりは、かえってまだ「父母未生以前の本来の面目」というような公案の方が、私の申すものに近いのであります。現実の私どもは、これは父母が生んでくれたものであるが、その父母が生んでくれる前の自分というもの、つまり、こういう肉体をも持たず、こういう心をも持たない以前の自分、この「父母未生以前の本来の面目」、これは何であるか、このことは、発生的にいうわけではありません。この父母所生の身でない自分というものは、いったいどういうものでありましょうか。

これはつまり身心脱落した自己というものと同じことになってくるわけでありまして、この父母所生の自己というものは、身体的・精神的、精神的・身体的なものでありますが、そういう自己というもの以前の自己、あるいはそれを脱落した自己というもの、そういう自己というものはどういうものであるか。こういう一つの問題であります。で、課題といたしましては、あるいは公案といたしましては、「身心を脱落して来い」とか、あるいは「父母未生以前の本来の面目になって来い」というようなことになりますが、これは一つの方法であります。どういうふうにして身心脱落するか、これは自分で自ら工夫してその身心を脱落する、父母未生以前の本来の面目になるわけでありますからして、これはやはり前述の第一段階から第二段階に入る方法とも勿論申すことができるでありましょう。

あるいはまた「骨を折っては父に還し、肉を割いては母に還し、而して後本来の面目を現ずる」と、こういうようなことがあります。私どももしそれを課題といたしますならば、それは骨を折っては父にかえし、肉を割いては母にかえしてしまったら、自分はどうなるかと、こういうようなまあ課題になってくるわけでありますが、これは現実のわれわれからして、現実のわれわれを脱却する一つの方法ともいえるわけであります。

あるいは「香厳上樹」というようなふうの公案があります。樹に登って、口に枝をくわえ、足は宙ぶらりんで、手は何もつかまない、ただ、高いところにある枝をくわえた口だけで樹にぶらさがっている、その時にもし人があって「祖師西来の意」つまり「達摩が印度から支那へ西来して来たその意味はどうか」ということを問うたとすればどう答えるか、という公案であります。もし口を開いて答えれば、地上に落ちて死んでしまう。もし答えなかったならば、それを問う人に背くわけである。これが「香厳上樹の公案」といわれているものでありますが、これもいまいったような死ぬか背くかという、そういうディレンマに追い込まれ、そしてそこでそういうディレンマをどう脱却するかという一つの方法になっているわけであります。しかしこういうものもいろいろと考えてみますというと、私の申します「本当に窮し切って通じ、そして変ずる」ということに充全な方法ということはいえないのであります。ここでその一々について批判をすることはできませんけれども、私ははっきりした理由をもって、それが充全な方法とはいえないということを申すわけであります。

いろいろと考えてみますというと、坐禅ということも、坐禅は身心脱落の方法であるといわれておりますが、これも充全な方法であるとは私はいえないと思う。

で、本当にまず充全に近いと申しますか、そういう方法はどういうふうの方法であるか、それが問題になってくるわけであります。私はごく簡単に、ごく単純に「私がどうしていてもいけないとしたならば、どうするか」ということういう課題、此処にその「窮すれば通じ、通じて変ずる」方法というものを樹てたいと思うのであります。つまり、われわれの一切の在り方、一切の行動というものがいけないとしたならば、どうするか。一切の行動というものは、これは現実の一切でありますが、その一切がいけないということは、それは絶対の窮地、絶体絶命の処であります。そして「どうするか」という処で、どうかすることができたならば、其処でその絶体絶命の処からして甦って来るわけである。これは誠に何でもない、そんなことかというようなことでありますが、しかし事実上これは容易なことではないのであります。これができますならば、われわれは本当に絶後に甦ることができるわけであります。

この課題は、自分のどういう状態にありましても、常にそれが課題であり得るような課題であります。坐っている時でも、立っている時でも、ものを考えている時でも、書物を読んでいる時でも、ものを喰べている時でも、便所に行った時でも、どんな時、どんな処におきましてもその都度の自分の在り方が機縁になってくるわけであります。坐っている時に、坐っていてはいけないとしたならば、どうするか。立っている時に、立っていてはいけないとしたならば、どうするか。けれども、われわれは坐っていていけなければ立つでありましょう。立っていていけなければ歩くでありましょう。歩いていていけなければ走るでありましょう。あるいはものを言い、あるいはものを聞き、あるいはものを喰う。そういうふうにして行きますならば、いくらいけないといわれたとしても、いくらでもそこに、どうでもする道があるわけであります。しかしながら、それら一切がすべていけないとしたならば、どうするか。そして、すべてがいけない時に、どうかすることができなければ、一切のわれわれの在り方、何かであるということから本当に脱することはできないのである。これらは皆差別である。坐っているということも差別である、何かである。立つということも差別である、何かである。考えるということも差別である、何かである。やっぱり人間は、その何かを脱しましても、たとえば坐ることから脱しましても、立てばやっぱり何かであります。だからして、一切の何かから何ものでもなくなるということのためには、すべての何かから自分が脱するということにならなければならない。しかも一挙にして、何かである自分の一切の在り方から脱するということにならなければならないわけでありますからして、それで「一切いけないとしたら、どうするか」と問うのであります。

でまた、この「どうするか」というところ、其処に「通じて変ずる」意味があるのでありまして、「窮鼠猫を嚙む」とか、あるいは「百尺竿頭一歩を進める」とかいわれますように、窮し切ってそして其処から生まれかわって新しき生命というものを得てくるとか、あるいは、登りつめてもう如何ともすることができない処から一歩を進めると、そこからして自由な働きが出るという、そういう処があるのであります。其処に本当の解脱というようなこと、あるいは本当の救いというようなものがあるというふうに私は考える。これはやはり自分の働きの上において実際に主体的にそれを究明していかないといけないことであります。

と申しますのは、この方法は主体的にのみ行けるような方法になっているからであります。それは何故かといいますというと、実際に自分が坐っていていけないとしたならばどうするかと問われます時、やはりそれが自分でありますからして、坐っていていけなければ立つのであります。しかし、この坐っていていけなければどうするか、ただこれだけのことでありますが、この「坐っていていけない」というただこれだけでも、本当にそれが全体を含んできましたならば、其処からして私どもは絶体絶命の処に到るわけであります。「坐っていていけないとしたら、どうするか」ということが、それが全体いけないということに通じて行くということになるならば、もうそこでは立つということもできないということになってくる。坐っているということもできなければ、立つということもできないということになってくる。一体その時にどうするか。これは全くのディレンマ、主体のディレンマにわれわれを追い込むものであって、それがまた本当にそうなって、窮し切ってきますというと、此処に一つそれを破って新しい働きというものが出てくるのであります。しかし、本当に窮し切らないというと、その働きというものは出てきませんが、いつでも行住坐臥において心路を絶して窮して行くというと、こういうことになるのであります。私どもが本当にこの窮して通ずるという窮通の主体的公案というものに徹しましたならば、前述の三段階を欠くことなく、すべて具して一挙に「本当の自己にめざめる」ことができるのであります。

(2)　あわれみ深いこころをもった人間となり

一

本日は「あわれみ深いこころをもった人間となり」ということころから始めることになっておりますが、その前にある「よくおちついて本当の自己にめざめ」ということは、これはどちらかといいますというと、自分がよくおちついて本当の自己にめざめて来るという、そういうことがらになっているわけでありますからして、まあそういう点から申しますというと、それはむしろ自利と申しますか、自分の修行とか修養とかいうことになって来るわけであります。ところが私ども、どうしても自分の修行とか自分の修養ということだけでは、これは済まないわけでありまして、やっぱり共同生活とか社会生活とかいうようなものを、私どもがいたしております関係上、他人のためということがなくてはなりませんので、それで自然この他人《ひと》に対してあわれみ深いこころをもつ、憐憫《れんみん》の情《こころ》をもつというようなことが、要求されて参るわけであります。それで、これは大体、愛というようなことになるわけでありますが、人間にこの愛という心がないということは、これは実に淋しいことでありまして、愛をもった人間というものは、非常にこの温かさを他人に感じさせるものであります。いくら自分の修行なり修養なりが完全に出来ましても、もうそれで自分の修行が出来たからといって、それで他人のことはどうでもいいというようなことでありましたならば、これは実に冷たい人間であり、またそういう人間というものは、一方から言いますというと、本当に自分の修行が出来た人とは言えないということになるわけであります。自分の修行が出来るということには、やっぱり他人へもあわれみ深い心をもつということが要求されるのであります。何とかして他人にも修行して貰いたいとか、あるいは他人にも救われて貰いたいとかいうような心がその中にないことには、どうしても、修行が本当に出来た人、本当に修行した人ということは言えない。それでありますからして、これはやはり自分の修行の一つにもなるわけであります。

とかく、どうも宗教的な修行にしてもそうでありますが、まず他人のことなんかというようなことは、そうそう考えてはおれない、自分のことで一杯なんだからしてとても他人のことどころではない、というようなことになるものでありまして、真面目に自分に真剣に修行している人でも、そういう気持ちでいる人も相当あることと思うのであります。これも実は尤もなことでありますが、自分のために一生懸命修行しているんだからして、自分の修行でせい一杯であって、とても他人のことどころではない、また自分の修行のことさえ真剣に一生懸命にしてさえ行けばよいのであって、他人のことをかまう必要はないんだと、こういうような気持ちというものは、これもまた尤もなことであるのでありますが、ところがこういう心というものは、やっぱり利他を含まない自利というものになるのでありまして、その修行の過程というものが、やっぱり冷たいものになってゆくわけでありまして、自分が修行するということの中にも、やっぱり他人にも修行して貰いたいとか、他人にも修養して貰いたいとか、あるいは自分と一緒に救われて貰いたいというような心を、その内にやはり潜めているということがなくてはならない。自分の修行というものは、これまた他人のためにもなってゆくことだというように、他のためというようなことがその中に含まれてゆくということが、やっぱり本当のことではないか。そうするというと、自分のために修行なり修養なりというものをしているということが、気持ちの上でもやっぱり他に対して非常に温かい気持ちでゆけるわけでありまして、我利々の修行ということとは、よほどちがってくると思うのであります。こういうところは、自分に勉強してゆく上におきましても、修養してゆく上におきましても、私は非常に大事なことではないかと思う。もう自分に修養してしまってもうこれでいいということになってしまってから、それから他人のためにいう、そういう気持ちは本当のものではないのではないか。初めから自分に修養をすると同時に他人のためということを含んでゆくということが、これが自分の修養ということにも、暖かみというものをもってゆくということになると思うのであります。なかなかこれは出来ないことのようでありますけれども、しかし私はこれはわれわれのどうしても要求しなければならないことであると思うのであります。

仏教なんかでは、その修行というものも、自利というものと利他というものとが、それが離れないように一つになってゆくようにというようなことを申しているのでありまして、それで自利利他円満の修行ということを申します。そこには、自分が修行するということは他人のために修行するということだというような、そういうその心持ちというものがあるのでありまして、もっとそれが徹底しますというと、かえって自分のために修行するのではなしに、他のために修行するのであるというようなことにさえなって行くわけでありまして、修行というものは決して自分のためではない、一切衆生のために修行するということが、むしろ先に立てられている。これは非常に温かいものだと私は思うのであります。

私も以前に自分に修行いたしました時には、まず自分の修行が大事だ、他のためというようなことはそれからのことだ、自分が修行せずに先に他人のためというようなことは考えられない、だからしてまず自分のために修行しなければならないと、こういうふうに私は自分では考えておりました。それで、「衆生無辺誓願度、煩悩無尽誓願断、法門無量誓願学、仏道無上誓願成」というあの四弘誓願ですね、あの一番初めに「衆生無辺誓願度」ということがありますが、それが私にとってはどうも自分には理解出来ないことでありました。それで始めの頃には、私はあれをですね、あの読み初めを「煩悩無尽誓願断」という処から読んでゆきました、そして一番初めをそこからして出発してゆこう、自分にまずどうしても煩悩を断ぜんことには「衆生無辺誓願度」ということは言えないわけでありますからして、まず「煩悩無尽誓願断」から行かなければならない。こういうので私の気持ちでは、普通は「四弘誓願」を読む時には、他人はどう読みましても、自分の心としては「衆生無辺誓願度」ということは、それは後に廻して、まず「煩悩無尽誓願断」という処から読んでゆくという、そういう気持ちで、私は心の中でいつも読んでおりました。そして、またそれが至当なことだと思っておりましたのでありますが、だんだんと考えて参りまして、自分の本当の気持ちが出て来ますということですね、それが間違っていたということが次第に判って参りまして、やっぱり

「衆生無辺誓願度」が一ばん初めでなければならない、「煩悩無尽誓願断」以下は、むしろそれが初めで、そこから出発すべきものだというようなふうに私は感ずるようになって参りました。

それといいますのが、やっぱり自分の勉強なり自分の修行なりというものが、すべての人のためでなければならない、一切の人のためでなければならない、そういうことがだんだん判って参りまして、それで修行の出発点というものが、自分が救われるとか、自分の仏道を成就するということは、それは「衆生無辺誓願度」ということのために修行するんだと、こういうところにあるということになってきたのであります。だからして自利というものの前に利他があるということですね、そこまで本当は徹すべきものだということ、自利と利他とが平行して、初めからずっとあい交錯して、自分のために修行するということはつまり他人のためであり、他人のためということは畢竟自分のためだと、それで自利利他円満してゆかなければならないということ、そしてそういう自利利他円満してゆくということよりもさらに一歩進んで、自分のためということは他のためということのための自分のためであると、私は此処まで行くということが実は本当のことではないかと思うのである。そしてまたそういうことが実に人間にとって尊いことである。そういう心がどこかに社会の中にあるということは、社会を本当に温かくしてゆくということにもなるのでありまして、そういう愛というものが宗教で非常に大事なものになっているということはですね、本当はそれがためであるのであります。

クリスト教におきましても「神は愛なり」とさえ申しているのであります。神の本質は何かと言いますというと、それは愛だと、愛そのものが神であるというようなふうにさえ申しているのでありまして、私はこれは非常に大事なことであると思うのであります。単なる知識というものでは、こういうものにはなりません。知識とか単なる道徳というものでは、どうしてもそういう処まで行きません。他人の罪を許すとか、善悪を超えて愛するとかいうようなことは、これはむしろ知識とか道徳の領域を越えてむしろその向こうに進んだものでなければならない。道徳的の心というものはどこまでも正しいことをやってゆく心でありまして、他人の悪があればそれを責めて正しいものを讃える。それがやはり道徳的な心であります。道徳主義からしては悪を犯すというと、必ず罰を受けなければならない、したがってそれはどこまでも罪を免れることは出来ない。その罪を許すということは、そういう道徳的な心というものの中からは出て参りません。罪を許すとか悪を許すとかいうようなこと、さらに悪人を愛するということ、あるいはむしろ悪人の方が可愛いというようなことは、道徳からしては全く不可能なことでありまして、道徳の立場からは、悪人はどこまでも罰せられなくてはならない。ところが悪人の方が可愛いというような、こういうふうの心というものは、とうてい道徳の立場からは出て来ない、むしろ道徳からは理解出来ない、あるいはむしろそういうことは許され得ないということになるわけである。それで悪人をも許す、あるいは悪人ほど可愛い、可哀そうだというような心、ちょうどその、譬えで申しますというと、そういう親心というものですね。親というものは悪いことをする道楽息子ほど可愛いのである。この可愛いということは、これはつまり、此処にあわれみ深い心というようなものが働いているわけである。可哀そうだという心で一ぱいで、もうとても堪まらない、何とかしてやりたい、そういう心が先に立つのである。そしてそこでは何とかしてやりたいという、そういうそこに積極的の意味を含むわけでありますが、また悪いことをした心情というものを同情してやる、そういう心を憐んでやる、そしてその人を憎まないという、こういう一つの寛容な心というものが、親にはあるのであります。外のものではとてもそこまで徹するということは出来ない。もう兄弟というものになってくるというと、もはやその辺は大分違って来るのでありますが、そういうドラ息子が可愛くてたまらないというような、そういう心が親というものにはあるのであります。

これは一方から申しますというと、理性を超えたものである、理性以下というよりは、むしろ理性を超えたものである。私はそれがそういう心だということが出来るだろうと思いますが、ちょうど、親鸞なんかも「善人なおもて往生をとぐ、況んや悪人をや」というようなことを申しておりますが、これは普通申しますというと、いわば非道徳的な言葉でありまして、極楽往生というものは、これは悪人がむしろ目あてだ、「悪人正機」と、悪人に対して立てられた法だという、こういうようなふうにまで言われているのでありまして、そういう処に弥陀の慈悲というものの深さ、広大さというものが窺われるのであります。クリスト教の神の愛というものには、人間の持って生まれた深い罪というもの、いわゆる原罪を許してやろう、一切の人間の根本の罪を背負ってやろう、それが可哀そうだからして、それを自分にあがなってやろうという、つまり贖罪ということがございますが、そういう心というものが如何に尊い心でございましょうか、如何に温かい心でございましょうか。これは善人を可愛がるという心よりは、さらに広大で深く温かい心であると言わねばなりません。そういうものがこの世間の何処かにあるということは、これは実に世界中を温かくしてゆくということになりますし、またそういう人が沢山あればあるほど、世の中は明るく温かくそして正しいものになってゆくのである。それは罪を責めるということよりも、かえってその結果というものが道徳的になってくるというようなことにもなってゆくものである。悪人が救われるということは、悪人を責めるということによって救われるというのではなしに、むしろもう救われようのない悪人が許されるということ、つまりそういう悪人を許す人がある、許してくれる人があるということによってかえって、此処の所で人間が変わって来るのである。道徳的の立場からして扱われるのではとうてい改心することの出来ないような人がかえって、そういう道徳を超えて罪をも許すというようなことによって、深い改心をして発心するというような、そういうことにもなってくるわけでありまして、どうしてもこのそういう愛というものは、これは人間にとって道徳よりもむしろ先に人間に必要なことではないか、まずどうしても要求されることではないかと思うのであります。

そこでよく「水清ければ魚住まず」ということを申しますが、道徳的立場の人というものは、つまり清らかな非常に潔癖な人というものは包容力がない、悪人をも許すというような、そういう大きな温かい心というものがない。ちょうどその清らかな水が冷たいように、そういう人の心はどうしても冷たい。悪いことをすればどこどこまでもそれを追及して悪を責めてゆくというような立場では、その中に善人だけは住めても、悪人の住む処がないことになってしまうのであります。無論それは悪人を単に許すというのではないのであって、むしろ悪人を許すということによって救われて、かえって、その悪い心が改められるというようなふうに、そういうことになってくるというと、そういうことがむしろ人間の世界には非常に大事なことになって来やしないかと思うのであります。仏教でも慈悲心というものは非常に大事なものとされて来ているのでありまして、ちょうどクリスト教で「愛というものが神の本質だ」と言われておりますように、「仏心とは大慈悲是なり」（仏心者大慈悲是）というような言葉があります。これは私は非常に深いものだと思うのである。ややもしますというと、むしろ社会をよくして行きさえすれば、もう愛の心というようなものはなくていい、愛の心というものは社会にいろいろ欠陥があるからして必要になって来るのであって、もう経済的に社会全体がよくなって、求めるものがすべて与えられるということになったならは、もう愛の心というものは必要がないというような、こういう考え方がなきにしもあらずでありますが、私はこれは非常に間違った考えであると思う。人間というものには、むしろそうではなしに、いろいろ求めるものが不十分であるとか、十分であるとかいうことにかかわりませず、むしろそういうこととは別個に、愛の心というものが非常に大事であって、人間の世界というものは、そういう要求が充たされるということだけで愛が不必要になるというようなものではない、むしろそれ以前のものであると考えられるのであります。

愛のない世界というものが如何に冷たい、どんなに淋しいものであるか。われわれはそういうことを思って見ますだけでも、何か非常に淋しい感じがいたしますのでありますが、現代はそういう点で、この愛というもののない世界であるということが言えるのではないか。ことに終戦後の日本の状況を見ますというと、ただもう自分さえよければよい、自分が勉強できさえすればよい、あるいは自分が修行できさえすればよい、自分だけ儲かりさえすればよい、自分だけ電車に乗れればよい、他人はどうでもよい、あとまわしだと、そういう非常に利己的な考えというものが正当化されるというようなことになって参っているのでありますが、あるいはその目的がよいことでありましても、その仕方というものが、それが利己的なことでありますために、非常に冷たいものになってしまって来ている。ことにこういう道場というような宗教の団体などでは、そういうことが実際に深く反省されなくてはならないと思うのであります。もう自分だけ修行が出来たから、もう自分に勉強が出来てしまったからして、もうそこに用はないというようなことになったのでは、人間として実に冷たい我利々々な人間というものになって来るわけでありまして、本当は自分が学問が出来る、修行が出来るようになればなるほど、出来ない人のために尽力をしてゆく、そういう人を引き上げて行こうということになって来なければならないのでありますが、そういう心というものが無くなってしまったのでは、実に冷たい道場というものになってしまうわけであります。もう少し世の中を温かくしてゆくということのために、もう少し愛というものが、人間の心の中に出て来なければならない、私は痛切に、最近そう思うのであります。もう少し温かい心、もう少しあわれみ深い心というものが出て来さえすれば、人間の世界がこんなにまで冷たい、こんなにまで暗い、実に淋しい世界になってしまいはしなかった、そして反対にどんなに住みよい、如何になごやかな世界になっていたかも知れないのであります。これは「あわれみ深い心」というものが欠けているからである。あわれみ深い心なんか持ってはおれないというようなことが、一方、今日の世相から言いますというと、あるいは言われもいたしましょう。とてもそういう心を持っておられないというようなことも、一方から言いますというと言われるかも知れませんが、そういうことを言う心こそ、実に私は一ばん冷たい心である、そういう心というものをまずなくしてゆかなければならないと思うのであります。

それで、道場としてはどこまでもそういう温かいあわれみ深い心というものが望ましいのでありまして、そういう温かい心でもって道人がお互いに結び合って、道人は道人のために此処に集まるという、そういうことでなくてはならない。自分にはもう道場に行ったってつまらないというような心ではなくして、それは自分につまらなければ他人につまるようにしてゆこうという、そういう心を持ちましたならは、まずこの道場というものがどれほど温かい道場になってゆくことでございましょうか。そして、それをさらにだんだんと外に及ぼして行きましたならは、ちょうど、此処で炭火を一箇処でおこしますというと、その炭火が次第におこって参りますに従って、一人の人間だけが温まるというのではなしに、この部屋全体が温かくなってゆくというようなふうに、道人の一人々々が一本の炭火となっておこって参りましたならば、自分が温かくなるということが、それがまた周囲に対して次々に温かみを増してゆきまして、そして自分の居る処、行きます処にそれが温かい心というものを他に及ぼしてゆくことが出来るのでありますが、かえってそれがまた本当言いますというと、修行が無限に出来るということでもあるのであります。それで仏教では、かえって自分のための修行というものには尽きる処がある、ところが大悲は無倦であるということを申しております。他のための修行というものは永遠に尽きる処がない。そしてこういう大悲無倦ということが、大乗の悲願というものの根本になっているのでありまして、修行というものも他のためだと思えば、自分の修行がたとえ出来ましたところで、どうしたならば他の人を自分と同じようにしてゆくことが出来るかという、そういう利他の修行というものは無限に続いてゆくわけであります。たとえば自分が救われさえすれば、それでもうよかったならば、それでもうおしまいである。ところが自分は救われたが何とかして他の人のために何とかしていかなければならないと、こういうこころというものになりましたならば、自分の修行というものもまた無限に倦くことなくして進んでゆくのであります。

どうか一つ、こういう心を持って頂きたい。私はそういうことをとうてい言えるはずではないのでありまして、自らふり顧ってみましたならば、そもそもそれは遠いことでありますけれども、少なくともそういう心がまえというものを持ってゆく、そういう願いというものを、そういう悲願というものを持つということが大事ではないか。自分の境遇の如何にかかわらず、たとえ自分のことでせい一ぱいであって、とても他のためどころではないというような所にありましても、やっぱり他人のことを思いやる、そしてそういうことによって、また自分の心が浄化されてゆく、他人を思うことによってますます自分の心が温められて来る、かえって自分のことだけを思うというと、かえってますます自分の心がすさんで来る。ところが、他人のためということを思えば思うほど、自分の心もかえって温められて来るのであります。そういうことがまず始めに私は決心をしてゆかなくてはならないことだと思うのでありまして、どこどこまでもあわれみ深い心というものが、人間としての念願でなければならない、そしてそれの最も徹底したのが神の愛、仏の慈悲ということになって来ると思うのであります。

クリスト教の神の愛ということと、仏教の仏の慈悲ということとは、少しそれの内容において違った処がありますからして、全くそれを同一とみることは出来ませんのでありまして、仏教におきましては覚というものが一ばんの根柢になりまして、つまり智というものが一番根柢になりまして、その智というものと今の慈悲というものとが不可分に伴っているのであります。そういう点からして、仏教では「智体悲用」ということを申すのでありますが、そういう処がクリスト教と違った点であります。クリスト教にはそういう智体というものは無いのでありますが、そういうクリスト教と違った点につきましては、いずれ後になりましてまた詳しく申し上げたいと思うのであります。しかしですね、慈悲というものと愛というものとが、人間にとって大事なものであるということは、これは全く同じであるのであります。

それから、此処でもう一つ私はその愛ということについて附け加えておきたいと思いますことは、普通は愛というものにおきましては、愛せられるということが普通どうも要求せられているのでありまして、愛してほしい、愛して貰いたい、可愛がって欲しいとかいうようなふうに、そういう欲求が人間にあるということは、これは勿論事実であって、こういう要求というものもまた、人間にとって大事なものであると思いますが、しかしこの道場の「あわれみ深いこころを持った人間となり」という言葉は、むしろそういう受身的な愛ではなしに、むしろこちらからしてそういう他人に対しては愛の心を持つということを強調した言葉である、というふうに私は思うのであります。他の人からして愛して欲しいとか、誰かに愛して貰いたいというような、そういう愛ではなしに、他の人を愛しようという、そういう能動的積極的な要求であるというふうに解すべきであると考えるのであります。クリスト教というものはどうかいたしますというと、神から愛を受けるということを強調いたしますが、勿論それも大事なことでありますけれども、かえって愛せられたいという心よりも、愛する心をもって働くという、そういう処が私は窮極の処だと思う。それで、「あわれみ深い心を持った人間となり」ということは、これはどこまでも積極的能動的な愛というものを意味しているものだと、私はそういうふうに解釈したいと思うのであります。

しかし、この愛というものには、またいろいろの形態の愛というものがあるのであります。それについてもわれわれは次によく考えて見なければなりません。また、そういう愛というものが道場の『人類の誓い』の「本当の自己にめざめる」という処とどういう関係にあるかということにつきましても、その間の密接な関係でありますとか、必然的な関係というものを、もう少し詳しく詮索してみなければならないわけであります。そういうことにつきましては、この次に一つ考えてみたいと思います。

二

あわれみ深い心という内容につきましては、仏教でもいろいろと論ぜられているようでありますが、まあ一ばんのあわれみ深い心というもの、つまり勝義なあわれみ深い心というものは、よく無縁の大悲とかいうような言葉で表わされております。本当の自己にめざめたあわれみ深い心というものは、この無縁の大悲と言われるようなものでなければなりませんし、またこの無縁の大悲というようなものでありますためには、そのあわれみ深い心を持つもの、つまり人というものは、これは本当の自己にめざめたものでなければならないということになります。それでこの本当の自己にめざめた人間というものと、それから無縁の大悲というような意味で、あわれみ深い心を持った人間というものとは、これは両方とも、全く密接な関係にあるもので、どちらも、どちらを欠いても成立しないものということになると思います。それで、どうしても無縁の大悲の主体というものにわれわれがなりますためには、仏教で言いますならば、その仏性というものがめざめて来なくてはならないということになります。仏性というものがまだ内在的な超越とか、あるいはそういうものが外在的な超越とかいうような状態においてある場合、これはまだ無縁の大悲の主体にはならない、なり得ないものであります。それで、仏性がわれわれ人間において本当にこの現在にめざめてくるということは、これはいわば涅槃とかあるいは滅度とかを証するとかいうようなことにならなければならないのであります。つまり、われわれが本当に成仏する、仏教の究極目的でありますす成仏するということでなければならない。で、成仏した人間という言葉は、これは少し妙に感じらるるかも知れませんが、成仏したら人間でなくなるわけでありますからして、成仏した人間ということは、言葉の使い方が十分でないとも思われますけれども、しかし成仏するということがですね、何かわれわれ現在のこの人間の形というものが全くなくなってしまうとか、あるいは死んでしまわなくては成仏できないというようなことになりますというと、仏教の本来の立場から外れるということになるのであります。それで人間がこの父母所生の身というものを壊せずして、これをこわさずしてですね、そしてそのままで滅度を証するとか、あるいは成仏するとかいう意味で、つまり人間でも、成仏した人間というものがあると、そしてまた、そういうものがあり得るということになるのであります。仏教では、そういう点はやはり不可能だとか、それはただ永遠の目的にすぎないとか、理想の境地であるとかいうのではなくして、むしろかえって現実にそういう成仏をするということがむしろ人間としては本当なあり方だといいますか、本来のあり方であって、そういうものでないということの方が、むしろ本当のあり方ではないというようなことになると思います。それで、私としましてはですね、即身成仏というようなこともいろいろの意味に考えられますけれども、それは、われわれがつまり仏性を現在に覚した人間になるということ、そういう意味でつまり人間の真実のあり方といいますか、あるいは究極のあり方、本当のあり方というものとして、本当の自己にめざめるというようなことを意味するというふうに考えるのであります。それで、本当の自己というものにも、以前にもお話しいたしましたように、まあいろいろの段階があるといえば段階があるのでありますが、しかし究極のですね、究極の意味での本当の自己というものにめざめるということは、これは普通の人間の自覚というようなものではなくして、つまり仏性にめざめるという意味での覚者ということになってゆくということであります。その覚者というものを何か超越的なものと考えて、そしてその覚者というものが、われわれ人間に他者的主体になるというようなふうの関係ではなしに、覚者というものが、最も身近にいえば私であると、私が覚者であり覚者が私であると、本当の私というものは覚者というそういう私であると、そういう意味での自覚というものが、この『人類の誓い』でいう本当の自己にめざめた人間であると、こういうことになって来るわけであります。それで、われわれがその覚者になるということは、これはあわれみ深い心を持った人間となるということには、絶対的な条件であると言っていいというふうに考えるのであります。

それで、どうしてその無縁の大悲という、まあ勝義のあわれみ深い心というものが、そういう覚者でなければならないか、そういう問題を次に考えてみますというと、大体、救いということがあわれみ深い心の働きということになって来るわけでありますが、その救いということに、その内容とか程度によりまして、いろいろ違ったものがありますが、しかし究極の救いというものは、これはつまりわれわれが、仏教の言葉で言えば本当に解脱するということでなければならない。それでこの解脱するということには、やはりその解脱するという要求というものが、どうしてもまずわれわれにあることになるわけでありますが、この解脱する要求というこの要求がどういう処から、人間のどういう処からして生じて来るかというようなことは、これは普通にはなかなか判らないのであります。解脱の要求というものがどういう要求であるかですね、なかなかこれは事実をとってみますというと、どれが本当の解脱の要求かということは、これは本当にそういう要求が起こった人でなければ、具体的なそういう生きた要求というものは判らないわけであります。それで自分にそういう解脱の要求というものが判った人でなければ、他人の解脱の要求というものがどういうものであるかということも判りませんし、また他人に解脱の要求というものを喚び起こして来るということもできないのであります。それでこういう処が解脱の要求であるとか、この処が解脱の要求の本質であるとかいうようなことは、ちょっとその他人にも示すことが出来ないということになりますからして、それで自分にまずその解脱の要求というものが判らなくてはならない。そしてまたその要求を起こしていない人に起こさせて、そして共にその解脱の方向に進むということにならなければならないと思うのでありますが、実際に自分にそういう経験がありませんというと、人の解脱しなければならないという必然的な苦しみというようなものも、こちらで共感するということが出来ないわけでありまして、それでまず解脱の要求というものを自分によく知ると、そして解脱しなければならないような現実の苦しみというものを、自分で味わうということによって、他人の苦しみというものも自分に共感してゆくと、こういうことになって来なければならないと思うのでありますが。しかしただそういう苦しみというものを知るということだけでは、これは実際にその解脱の方向というものも判らないわけでありますからして、そこで自分に解脱をしなくてはならない。そして自分に解脱することによって、また他人をも解脱させると、こういうようなことになって来なければならない。それでありますからして、あわれみ深い心を持つということが可能であって、あわれみ深い心を持つということは、これはただ、心で持つということではなしに、人を本当に救ってゆくと、こういうふうのことになるわけでありますが、それにはどうしても自分が解脱した人間というものにならなくてはならない。そしてそういうことによって、解脱した人間というものの性格というものをはっきりと自分に把握する、そしてその自分がどういうふうにして解脱して来たかというその経路というものも自分で経験する。そういうことがなかったならば、とうてい勝義のあわれみ深い心というもの、つまり他人をも解脱させるというようなことは、出来ないことになりますからして、それでどうしてもそのあわれみ深い心を持ち得るためには、これは勝義での本当の自己にめざめると、こういうことが必然的な条件になって来る。

しかしその本来をいいますというと、救われるということはないんだと、救うとか救われるということは、本来の処では無いんだと、こういうことになるのであります。で、救うとか救われるということは、それはつまりまあ、権実《ごんじつ》というようなことから言いますというと、その権になって来る。で、本来救われているものだからして、それで救われるとか救うとかいうことは本来はないんだと、ですね、そういうことがはっきり判ってですね、そしてその救うということはですね、救われるということも救うということも、本来はないんだということをよく知って、そしてそのそういうことを知らないものを救ってゆくということが、それがその無縁の大悲というものになるのではないかと思うのであります。だからして、そういうことはですね、本当の自己にめざめたもの、真の自己にめざめたものでなければ、そいつは判らないのであって、めざめていないものからは、どこまでも自分は救われなければならないものである。それがために救い手というものがあると、だからして救い手というものと救われ手というものがあるとか、あるいはめざめているものとめざめていないものとがあるとか、そういう両者があるとかということがどこまでもあるわけであって、そういう場合、そういう立場においてはですね、これは救われるとか救うとか、あるいはめざめるとかめざめていないとかいうようなことが、本来ないものだということは、そういう立場からは判らない。それでありますからして、そういう立場からの救いというようなことになりますというと、実はそれは本当の状態というものが自分に判っていない。そういう状態に自分がなっていない立場においてなされることでありますからして、どうしても本当のものでない。いわば悟っていないないと申しますか、本当の自己にめざめていない主体が、めざめていない対象を救うというようになりますからして、どうしてもこれは本当の救いではないわけである。でありますからして、そういうふうの救いというものは、たとえ救いと言われても、まあ愛見の慈悲とかいうような、そういう言葉で言い表わされるようなものになる。それでありますからして、その本当の救いというものは、これはむしろ救いがないということが本当の救いであるというふうにも考えられるのでありまして、まあそういう点で救いということは権仮門である、仮《かり》のことである。迷っているということが本当でないのに、その本当でないものを対象にするということでありますからして、どうしてもそこには仮のことであるというような意味が出て来るというようなふうに考えられるのであります。それで、浄土教の方でもやはり救いというもの、救い手というようなことを申します場合に、この救い手というものは、どこからそれが出て来るかと言いますというと、やはりそれはこの『人類の誓い』の「本当の自己にめざめる」という勝義の意味の処からして出て来ると、そういうふうにまあ考えられるのでありまして、その往相の極果が到達されて、そしてそこからして働き出て来るというのでなければ、これは本当の救い手ということにはならないというふうに考えられるのであります。それで弥陀というものが立てられるということも、これはやはりその証滅度の中からして、一切の衆生というものを滅度に至らせるというそういう仮門としての悲願というものが、そこで立てられたと、そしてその悲願によって滅度に衆生が往く、そういう方法というものがまあ確立されたと、そういうことになって来ると思うのであります。私の考えとしては、誰でもこの人間というものは、現実において滅度を証することが出来るものであり、そしてそれは出来なくてはならないものである、ということになります。仏教というものはむしろそういうことを主張するという処に、そしてまたただ、主張するというだけでなしに、その事実というものが示されているという処に、その有難い処があるのであります。それで、どうしても人間は究極においてはその滅度を証する、本当の自己にめざめると、こういうことにならなければならない。そしてそれが本当の人間の真実のあり方であるのであって、そしてそこからして、自ら全ての人をどうしたならば滅度に入らしめるかとか、あるいは滅度を証させることが出来るかとか、こういうことをまた自分の悲願とする、そしてそれに向かって一つその救いの門を開く。そういうその願いを、悲願というものを起こして来なくてはならない。で、すべての人が自分自身に本来そういうものを持たなくてはならない、そういうその悲願というものを起こさなくてはならないものである。そしてまた本当に滅度を証すれば、その悲願というものを実は起こさずにはおれないものである。そういう内面的必然性というものがあるのである。で、私としてはその弥陀というものは、むしろそういう悲願というものを起こしたある一つの例とか、あるいは典型的なものというようなふうにまあ考えたいと思うのであって、われわれにはそういう悲願というものを起こすことが出来ないと、起こすことができるのはそれは唯一人だけであると、これはやはり自分では出来ないものであって、他の人によってそれをはじめて起こすことが出来るものであると、こういうようなふうには私は考えたくない。むしろ私としては私自身がそういう本当の自己にめざめて、そういう悲願というものを起こしたいというふうに考えますのでありますし、またすべての人がそうであって欲しいと、実際に現在はそうでなくっても、そうありたいとかあるいはそうあって欲しいとかいうような、そういう一つの――また現実としては――現実のそういう願いがなくてはならないと、そういうふうにまあ考えたいのであります。で、皆がそういう願いを持つ、つまり、自ら自分で本当の自己にめざめて、そしてあわれみ深い心を持った人になろうという、そういうその願いというものを一つすべての人が持ちたいと、また持たなくてはならないと、思うのであります。でそれは、ただそれをそういうふうに持ちたいとか、持つべきであるとかいうようなことだけではなしに、それを実現してゆくということ、それを実際に実現させてゆくということでなければならない。

「よくおちついて本当の自己にめざめ、あわれみ深い心を持った人間とな」って、そして働くということが、それがわれわれ人間の究極の在り方であると思う。そういう人が沢山出来なければならない。で、私の考えでは、つまり、弥陀というようなそういう人間――弥陀という人間ということは、それは先にも申しましたように少しこれも語弊があるかも知れませんけれども、しかしやっぱりそれは人間としてのそういう弥陀と同じい、弥陀同体の人間と申しますか――弥陀のような人間というものが沢山この世の中に出来て来るということがなければならない。これは現実の世界を構成しているメンバーというものをいわば仏にすると、メンバーが仏になると、いうことでありまして、これはどうしても仏教として大事なことであり、また仏教だけではなしに、これは宗教として大事なことである。そしてまあ、たとえそう実際にそういう人になれなくっても、そういうその願いを持った人が沢山出来て来るとか、大ぜいの人がそういう願いを持って来るということが、われわれとしては望ましいことである。だからして本当の自己にめざめたあわれみ深い人間となるということは、これはその、まだそういうものになっていないわれわれの方から言いますというと、それが一つのまあ主体的な信仰といいますか、あるいはそういう願望といいますか、そういうものになって来るわけである。つまり目標がここにおかれてくる。究極の目標というものが「よくおちついて本当の自己にめざめ、あわれみ深い心を持った人間となる」という、そこにおかれるということは、つまり、これはただ私の考えでありますけれども、皆が弥陀になるということであります。また、皆が弥陀になるということは、一方から言いますというと、皆が弥陀になって、そこに救いの新しい道というものを開いて来るということであります。このように、生きた弥陀というものが現実に出来て来るということ、そういうふうに私どもとしては、どうしても願いたいのである。こういうふうにまあ思うのであります。

それでそういうその弥陀というものと同じ性格を持ったものが、それが宗教家でなくてはならない。本当の宗教家というものは、そういうものでなくてはならない。そしてそういうことを専門にやってゆく人が、それがその本当の宗教家であると考えたい。しかしそういうことを専門にやるやらんということは、それはとにかくとして、人間というものはすべてそういう人間にならなくてはならないというように考えるのでありますが、ここにそういうことをその専門にやるということと、それからそれを専門にしないで、そして働いてゆくということとが、まあ考えられると思うのである。つまり、すべての人を滅度に入らしめてゆくということに働いてゆく、そういう方向に働いてゆくのと、もう一つはこれはそれと離れては考えられないのでありますけれども、いわば世間的に働いてゆくといいますか、宗教的に働いてゆくというのではなしに、世間的に働いてゆくというようなそういう方面というものがあると思うのであります。それですべての人が弥陀になるということの上でですね、例えばいろいろの産業に従事してゆくとか、あるいは芸術文化というものに従事してゆくとかいうようなふうの、そういうようなものがなければなりませんし、また事実上、そういうものが成立するのであります。そういうものは、つまりこれはその主体は同じでありますが、その対象というものが違って来る、働く仕方とその働く対象というものが違って来るということになって来まして、そこにその弥陀の働きというものが、必ずしもすべての人を滅度に入らしめるという、そういう方向だけではなくして――それも一つの主要なことである、重要なことであるというよりは、むしろそれが中心的なことであるかも知れませんが――しかしもっと外に重要な働く方向というものがなければならないというふうに考えられるのであります。つまり、弥陀の働きというものは、出世間的の働きというものと、それから世間的な働きというものと、両面をどうしても持たなければならない。これは人間の構造といいますか、世界の構造と申しますか、あるいは法界の構造というような、そういう上からいって、どうしても必然的なことであるのであります。ただ、すべての人を滅度に入らしめるという、それだけが全体ではないということですね。仏教においても普通どうもそういう宗教的の面が非常に主張されているが、世間的の面というものが、従来あまり主張されていないということですね。これは専門的に分ければ、宗教家のやることというものは、それは今の出世間的のことでありますけれども、しかし仏教全体から言ったならば、ただそれだけではない。一方、また一面、世間的の救いというものもなされなくてはならないということになります。それでありますからして、私は宗教者というものとそれから宗教家というものとを、一応分けて考えることが出来るのではないかと思う。すべての人は宗教者でなければならない、あるいは仏教から言いますならば、すべての人は仏教者でなければならない。しかしながらその仏教者の中で、解脱の方面に、解脱ということに働いてゆくというのが、それが宗教家であって、そして世間的の方面に働いてゆく宗教者というものは、これはいわば世間的の仕事をする宗教人であると、こういうことになって来ると思うのでありますが、そういうふうにまあ分けてみますというと、両方ともこれは欠くことの出来ない仕事であり、また任務であると言わなければならないのであります。で、そういうふうに考えて来ますというと、宗教者というものは世間のことはやらないでもいいというような、そういう考えを是正することが出来るのではないかと思う。何か、世間的のことは、これは宗教家が専門にやるべきことではないが、しかしながら宗教者としてはこれはどうしても欠くことができないというようなことになって、非常にその宗教というものも広い意味を持って来る、全体的包括的な意味を持って来るというようなふうに考えられるのであります。

しかし、ここでその問題になって参りますのは、その「解放」ということですね。『人類の誓い』の中にあります「人類解放の悲願」というものでありますが、その「解放」ということが二通りの意味というものを持って来るわけなんで、その「解放」というものはどういうものかと言いますというと、それはその前にあります「個人や社会の悩み」という言葉があるのでありますが、その「個人や社会の悩み」から人類を「解放」するということである。それでその「個人や社会の悩み」というものにどういう悩みがあるかと言いますというと、つまり宗教的な悩みというもの、いわば宗教的に救われたいという悩みというものと、それから世間的に救われたいというその悩みというものと、この両面があるわけでありまして、この両面の悩みというものの関係も、『人類の誓い』のそういう処へ行きまして、それを考えてみたいと思いますが、これは決して――二つのようであって、決して――別々に分かれたものではないのであります。単なる宗教的ということは、一方から言いますというといわば空虚なことである。そして単なる世間的ということは、盲目だとも言えるわけである。で、両方が具わらなければ、宗教の世界というものは成立しないのであって、やっぱりその事と理というようなものがどうしても一つになったようなものでなければ、どうしても本当のものではないわけであります。それでありますからして、ここに両方が一つになったような悩み——悩みというものも本来は一つであるのであって、一応分けて考えますと、そういう世間的の悩みと出世間的な悩みということになるのでありますが——その二つが一つになったような悩みから人類を解放するということが、つまり「人類解放」ということになって来るのである。宗教的の方面というものを、いわば深い悩みというふうに考えますれば、世間的の悩みというものは、これは広い悩みというようなことも言えるのではないかと思いますが、広がりと深さというものの、その両方の悩みの解放というものをわれわれが念願するということが、またそのあわれみ深い心の働き方というものになって、両方にそのあわれみ深い心というものが働いて行かなければならない。両方に働いて行かないことには、それは全うされないと、こういうふうに私は考えるのである。

そういうことがまた、専門にということになるというと、『人類の誓い』の「各自の使命に従ってそのもちまえを生かす」ということ、ここにそれぞれの専門とする処、自分の使命とする処を果たすことによって、有機的に一つの世界というものを建立するということになって来るわけである。しかしそういうことの一ばんの根本というものは、やはり「よくおちついて本当の自己にめざめ、あわれみ深い心を持つ」ということでありますからして、われわれはまずそういう人間にならなければならない。そしてそれが、自分も救われ他人も救われて貰いたいというようなことになって来るわけであって、そこにいわば、自利利他というようなことがあるわけである。自利利他とかあるいは自覚覚他覚行円満というようなことが、この「よくおちついて本当の自己にめざめ、あわれみ深い心を持った人間となる」ということになって来るのである。よくおちつくということも、これは以前にも申しましたのでありますが、結局は、涅槃に入るの道ということになって来るわけであります。まあその勝義の意味というものはですね、段階というようなものが、いろいろそこに考えられますけれども、勝義の「よくおちつく」ということは、涅槃寂静への方向として言い表わされていることになるわけであります。

(3) 各自の使命に従ってそのもちまえを生かし

大体、前回までで『人類の誓い』の「……あわれみ深い心をもった人間となり」という処までの、私の考えておりますところを聴いて頂いたと思いますが、これはなかなか汲めども尽きないものがありまして、決してただ今までに聴いて頂いたところで尽きたというものでは無論ないのであります。まあ一応、その程度にしておきまして、それで今日からは「各自の使命に従ってそのもちまえを生かし」という処を申し上げてみたいと思います。大体、この「各自の使命に従ってそのもちまえを生かし」から、ずっと「真実にして幸福なる世界を建設しましょう」という処までは、前条のいわばことわけというようなことになるわけでありまして、「よくおちついて本当の自己にめざめる」ということも、この「各自の使命に従ってそのもちまえを生かし」ということの中に含まれているわけであります。また、「あわれみ深い心をもつ」ということも、この中に含まれているわけでありますが、しかしこの「各自の使命に従ってそのもちまえを生かし」ということになりますというと、これは一応その文字面で明らかでありますように、これは個人個人の働きというものになって参りまして、いわばこれは特殊化とかあるいは個別化ということになって参るわけであります。前の「あわれみ深い心をもった人間となり」ということは、これはいわば一般的と申しますか、誰でも人間は一様にそういう人間にならなくてはならないということになるわけでありまして、これは誰しもそうなるべきものという一般でありますが、この「各自の使命に従って」といいますというと、これはその人その人の職責ということになって参るわけであります。

これもですね、「あわれみ深い心をもった人間となる」ということにも、非常に浅いまあ一通りの理解から一番深い理解まで及びますように、この「各自の使命に従ってそのもちまえを生かし」ということも、これはやっぱり、いわばごく浅い処からして深い処まで行くわけであります。大体、これは本当申しますというと、この「本当の自己にめざめ」て、そして「あわれみ深い心をもった」ものが、それがその「各自の使命に従ってそのもちまえを生かし」てゆくということになってこなくてはならないのでありまして、それが本当に究極のあり方である、つまりそれをもし仏教的に申しますというと、還相行だとかあるいは高い意味での菩薩行とか、そういうものとしてこれが働く、各自が働く、それぞれの場において働く、ということにならなくてはならないわけであります。

しかし、それでは、それまでは自分たちの仕事をしないで待っているか、それまで待っていて、本当の自己にめざめてそしてあわれみ深い心をもった人間となるまで待って、その上にということになりますというと、これは全く容易なことではないのでありまして、それではそれまで、自分たちは別に何もしないでいるのかというような、其処に問題が起こって来るのであります。無論、本当の菩薩行というものこそが究極の個人の、各個人の使命を果たすという場合のあり方でありますけれども、しかしこれはそれまでの間は、やはり私は両方をやってゆくということにならなくてはならないと思うのであります。それで、そういういわば過程的なプロセスから申しますというと、一応やっぱりこれは二本立てで行くより仕方がないというふうに考えるのであります。

それで、二本立てで行くと言いますのは、これはただ日常の自分の使命を果たして行く、自分の個性を生かして行く、ということだけではなくして、一面やはり本当の自己に徹して、そして本当にあわれみ深い人間となって行くという、そういうことをやって行かなくてはならない。これはまあ、宗教的に言えばつまり往相の方向でありますが、それをやっていかなければならない。それで普通のこの世間の仕事というものは、これはそういう往相的な生活というものを必ずしもしているとは限らない、また、そういうものを自分で自ら必要であると自覚しているとは限っていないのでありますが、しかしこれはどうしても人間として欠くべからざる大事な生活の方向でありますからして、それで私どもとしましては、それを閑却するということは出来ないのであって、そして、また人間としてどうしてもその方のいわば行というものをしなくてはならない。行ということはこの場合に非常に広い意味にとりまして、とにかく、そちらの方向への行というものをして行かなければならない。われわれの道場のまあ道場たるゆえん、一つの重要なる特色なりあるいは理想なりというようなものは、そういうことを閑却しないで、それをやって行くという処にあるのでありますが、しかし一面、以前にも申し上げましたように、それでは「本当の自己にめざめ」て「あわれみ深い心をもって」何をして行くかということになるわけでありまして、その何をして行くかという処に、此処にその今の一方の「各自の使命に従ってそのもちまえを生かし」てゆくという、そういう個別的な仕事、働きというものが、そこに要求されるわけでありまして、そういうものが「本当の自己にめざめ、あわれみ深い心をもった」ものの働きとなり、あるいはそういうものの内容になって来るわけであります。

したがって、「本当の自己にめざめ、あわれみ深い心をもった人間となる」ということが、ただそれだけということになりますというと、これは非常に大事なことではありますが、しかしながらそれは空虚と言わなければなりません。それで、カントの申しましたような言葉を此処でもし借りますならば、内容なき形式というようなことを申してもいいのでありまして、それは空虚なものになって来る。こういう空虚さというものは、ややもしますというと、それは宗教的な境地といわれるものにありがちなものでありまして、いわば浄土教なんかで申しますならば、ちょうどその極楽に往ききりというようなことになるわけでありますし、禅家なんかで、これがつまり頑空とか但空とか、あるいは一枚悟りだとかいうようなふうに言われておりますのは、それはつまり内容のない空虚なものというふうに、まあ言ってもいいと思うのであります。そこでやはり仏教ではその往相というようなことに対して、必ず往相というものは還相という、そのいわば内容を持たなければならないということがいわれているのであると思います。これは別に二つが分かれたものでなくして、やはりそれが一つである。両方が一つのものであるということが本当のことであって、ただ単なる往相というようなことがあるはずではないのである。必ず往相というものは還相というものと一つになっている。禅で空とか無とか言っているものは、必ずそれが働きというものと一つになって来るということがなければならないのであります。それで黙照禅というようなことがよく非難されますが、そういう黙照禅というようなことは、結局はいわば内容なき形式というようなものになって来て、本当のものではないわけであります。それでありますからして、どうしてもその内容というものを持たなくてはならないわけであります。

また逆に、ただ「各自の使命に従ってそのもちまえを生かす」ということだけでありますというと、これはその根柢の無いものになる、ばらばらになるわけである。これは個人の生活としましてもばらばらになるのでありますが、それはやはりまた人間全体、人類全体と致しましてもいわば根柢の「一」というものを欠くもの、一番もとの一というもののない、いわば形式というもののない人間生活になってくるわけでありまして、まあこういうものが普通、往相のない人間生活というもののあり方であると思うのであります、そういうものはそれでやはり、この形式のない内容というような言葉で以て言い表わされているものというようなものになりまして、結局盲目と言わざるを得ないのであります。

それで、そういう空虚でもなければ盲目でもないようなものが、本当の形式と内容というものが、本当に一枚になったものになって来るわけでありまして、だからして――仏教的な言葉でもし申しますならば、平等即差別ということになりますが――差別の底に平等があり、また平等の上に必ず差別があると、そういうことになって、差別と平等というものがそれが離ればなれにならないで、全くそれが打成一片と言いますか、一如になると言いますか、そういうものになって来るわけでありります。それで各自の使命というものが、これが各自の使命でありながら、しかも、それが各自の使命であるということの意味を、各自の使命の根柢にある全体というものによって、初めてもつことが出来るのであります。それで普通の日常生活の、ただそういう「一」のないもの、全体のないものということになりますというと、やはり「各自の使命」というような言葉も、これは実は成り立たないことになってくるわけであります。で、各自の使命という場合のその使命という言葉は、すでに全体におけるとか、あるいは一におけるということの上での、それの全体において持つ意義とか、あるいはその役目というようなことになって参るわけでありますから、それで使命という言葉自身がもうすでにこれは最後の一というものなくしては成り立たないものであります。しかし、この使命というものもですね、いろいろとその段階がある。だんだんとそこに段階の違いというものがあるわけでありまして、私の申しますその使命の最後の據り処としてのそのものは、それは、やっぱり絶対的な一とか本当の全体とかいうものでなくてはならない。そこの処で、やはりその「本当の自己にめざめる」というような場合の「本当の自己」の究極の処に、その根拠というものがあるというふうに考えなくてはならないわけであります。それでそれまでのものというものは、やはりそれは最後的なものではないわけであって、どうしてもおしつめて参りますというと、そこまで、最後の処まで、行かなければならない。結局、本当の人間のあり方というものの処まで行かなければ、その使命の最後というものは分からない。だから、私どもが生き甲斐を感ずるということを申しますす場合に、その生き甲斐というものは決して個人的な個別的なものだけではいけない。また、そういうものの途中のものではいけないのでありまして、どうしてもその最後の処に行かなければ、本当の生き甲斐というものは、実は分からないということになる。そこにやっぱり生き甲斐を感ずる、生き甲斐があるということになりますというと、どうしても私は宗教という処まで行かなければならない。まあ、一応は、われわれが生き甲斐を感ずるということが現実のある団体だとか、ある共同体だとかいうようなもの、例えば国家でありますとか、あるいは現実の世界でありますとか、そういうようなものにおいて、生き甲斐を感ずるというようなこともあるのであります。国家のために生きるとか、あるいは世界人類のために生きるとかいうようなことが、まあ普通いう場合によほど一般的な根拠として生き甲斐があるということになるわけでありますが、しかしながらこれはどうしても未だそこに留まることは出来ないのでありまして、どうしても其処に人間性の根柢にまで深まって其処においてでなければ究極の生き甲斐というものは分からないわけである。そこまで行かんことには、本当にわれわれに生き甲斐というものは感ぜられない。どうしても其処には普通いう現実を超えたとか、あるいは時間空間を超えたとか、あるいは歴史を超えたとか、あるいは人間を超えたとかいうような――此処で私の言う人間というものは、私どもの言っている深い意味での人間、つまり「あわれみ深い心を持った」本当の人間というものとは違って、現実的な人間を申すのでありますが――そういう現実的な人間を超えた処に、私どもの本当の生き甲斐の根源があるのである。普通いう現実的人間の生き甲斐というものもですね、実はそういう人間を超えた処に、本当の生き甲斐というものがあるのであります。

それで、私どもの道場の方から申しますならば、「本当の自己にめざめ、あわれみ深い心を持った人間」というものが、これが普通いう意味での人間を超えたものというものになるわけでありますすが、しかしまあ以前からも申し上げて来ておりますように、これは単に超越的なものではない。むしろこれが本当の人間である。われわれの方ではそういう普通の超越的な神というものではなしに、本当の人間というものが、神に当たるものになって来るわけであります。どこまでも、人間というもの、生きた人間というものを、そういう最後的なものとするのでありますからして、其処から申しますというと、そういう処にやっぱり現実的な生活というものの生き甲斐の根源を置くということになって参るわけであります。それでそういうその最後の場、これはまあ生きた場所と申してもいいと思いますが、そこにわれわれの生き甲斐の根源があるわけであります。「場所」という言葉は西田先生も始終お使いになられまして、「場所の論理」というようなことが西田哲学では非常に重要な概念になっておりますが、どうかしますというと、「場所」というものを静的なものというふうに考えがちである。また、西田哲学の「場所」というものもそういうふうに解釈している人もあるのでありますけれども、「場所」というものは決してそういう静的なものではなしに、生きたいわば一とかあるいは全体とかいったようなもの、しかもそれが還相の根拠である、還相の根源としてのその場所であると、こういうふうになって来て、一方から言いますというと、やっぱり働きの根源である、絶対的な働きの根源であって、またそれが創造の場所であるわけであります。西田先生でも「場所」というものは、やっぱりそういうものであります。しかし「場所」という言葉が随分誤解を招いて、それを誤解している人もありますが、私どもがただ今申しております場所と言うものは本当は生きた場所である。ただ、そういうものが、こう場として、根柢として、その面だけみられますというと、何か静的なもののように見えるのであります。これは仏教でもやっぱりその空というようなものは、一応、空というような言葉で言い表わされますというと、何か静的なもののように見えますが、しかし決して空というものは静的なものではなくして、動き出て来る、一切の働きの根源になるものであります。だからしてこれは現実の生きる根源である。生きる意義の究極の根源であると同時に、われわれの働きの出て来るその場所であるわけである。だからしてそれが価値の根源であると同時に、それが存在の根源でもあるというふうに、私は考えているのであります。

それで、「各自の使命に従ってそのもちまえを生かす」ということは、本当は、そういう真実の自己にめざめてあわれみ深い心を持った人間が、一体何を自分の使命としてやるかということになるわけでありまして、これは仏教で申しますならば、本当の意味での菩薩行、あるいは浄土教で申しますような還相行というものになって参りまして、決してこれは往相の途中であるとか、あるいはただ単に現実の生活をしているというような、そういうものではないのであります。だからして其処がまあわれわれのいわば個人の日常生活というものの目標といえば目標となって来る。それが理想の境地になって来るわけでありまして、其処では、この前もちょっと申しましたように、その個人というものは、これは「本当の自己にめざめあわれみ深い心を持った人間」というものの、絶対的な主体的覚者というものの、いわば自己限定というような言葉を使いますならば、そういう自己限定というものになって参りますが、しかしこの場合にどこまでも、その主体性というもの、その主体というものはその根源を離れない、離れないと言うよりはむしろその主体は、根源的なるものそのものでありまして、もうそのものでなくなるとか、あるいはないというようなことは、そこではあり得ないわけでありますからして、それで禅の言葉なんかで申しますというと、「随処に主となる」というようなことになって参るわけであります。

で、「随処に」と言った場合は個別的のことになって、特殊的なものになって参りますが、それが「主」となるという場合は、これは一般性とか全体性とかいうものになるわけでありまして、それだからして、どこまでもそれが主というものを離れない、個別が決して主と離れていない。また主というものから申しますというと、主が個別となって働くというような、そういうようなことになって参るわけであります。それでもし個別とかあるいは特殊とかいうようなことを、差別とかあるいはまた時間的にいって変遷、変化というようなこと、あるいは生滅だとか生死だとかいうようなことにいたしますというと、その生滅とか生死というものは、生死しながらその主体であることにおいて、つまりその全体であるとか、あるいはそれが不変であるということにおいて、これは、永遠である。決して其処には生死というものはない、変遷というものがない、差別がないというようなことになって参りまして、ですからして生死というものが直ぐにそのままで無生死であり、差別がそのままで平等である。変遷がそのままで不変であるとか、時間がそのままで永遠であるとか、まあそういうようなことになって来るのであります。

よく、われわれの現実生活というものが、宗教的生活におきましては絶対に触れるとか、あるいは絶対につながるとかいうようなことを申します。あるいはまた個人というものが全体につながるというような、そういう言い方がよくなされるのでありますが、私はそういう言い方によって表わされるようなものは、これはどうもまだ不徹底だというふうに考えるのでありまして、決してそういうものにつながる、こちらからして向こうへつながっているとか、何か絶対に触れているとか、時間が永遠に触れているとかいうような、そういうものではないのであって、それではまだその永遠なりあるいはその絶対なりというものが、それが超越的に向こうにあるというようなことになって、こちらにそういう永遠というものが主体になっているということにはならないのである。それでありますからして、触れるとかあるいはそれに通ずるとかいうようなことは、これはまだ非常に徹底しない状態でありまして、それが触れるのではなくして、その全体が本当の自分である、そして、それが本当にめざめた真実の自分というものになっていなければならぬ。それでその永遠なり絶対というものが、それが真実の自分になっているということが本当の状態であると、そういうふうに私は考えるのである。そういうことであって初めて、『維摩経』などにありますような、「無住の本より一切法を立つ」というようなものが、それが本当の自分というものになっている、つまり根源的な自分というものになりまして、そこからしていろいろの働きというものが出て来る。だから働きというものは皆その無住的な自己というものの働きになって来るのでありますからして、建立されるものの中には、その無住の本というものは一ぱいに満ちている、すみずみまでもそれが至っていない処はないのであります。しかしまたそうかと言って、その表われたもの、その働きというものの外にまた、その無住的な自己というものがないというのではないのであって、働きながら常にその働きというものからして脱している処がある。働きというものに自分というものが、本当の自分というものが一杯になっておりながら、しかもその働きに拘束されない、一切の働きからして常に自由である。

作るということ、創造ということも働きの一つでありますが、それは、作りながらしかも作られたものによって自分が拘束されないという意味で、常に一切のものを作りながらしかも少しも作ってはいない、しかもまた作られたものから常に離れながらしかも常に作ってゆくというような、そういう新しさというものをその性格としているということが出来る。新しさということは、こういうものがその根柢になってゆくわけであって、だからして過去のものに常に拘泥しないで、そういうものにとらわれないとか、拘わらないでですね、そして自分自身を常に新たに保ってゆくという、そういうものになってくるのであります。いわゆるまあ業《ごう》というようなものからして解脱しているというようなことも、そういうふうにいわば考えられると思う。業というものは大体、これは過去久遠劫からしてこちらへ、われわれが作って来て、そしてそれにですね、そういう自分で作ったものに自分が拘束されてゆくというような、そういうものが業というものであるのでありますが、作りながらしかも常に作られたものからして自由であるということが、それが業というものからして自由であるということであります。業から脱しているというような意味からして、そういうことが自在とか無碍とかいうようなことになると思うのであります。永遠なるものというものこそ何時も新しいものである。本当に永遠なるものというものは常に働いてゆくものである。常に作ってゆく永遠の主体というものが、これが本当に常に新たな根柢だろうと私は思う。それでありますからして、われわれがそういう主体性というもの、そういう主体であるということによって、本当にそれが創造的であるということも言えるのではないか。それで、われわれが常に新たなということには、常に何時でも過去のものから死んで行かなければならない、過去のものを否定してゆくということがなければならないのでありますが、それがいわば個別的に、その時時に死んでゆくというような、そういうことではなくして、まあ全体的に、あるいは一度に死ぬというような、そういう絶対死というものによって、そういう新たなるもの、いわは絶対新といいますかあるいは永遠の新といいますか、そういうものにわれわれが到達することが出来る。それで、歴史の創造というようなこともですね、本当言いますというと、そういう創造になって来なければならない。これは普通にいう歴史の創造というものと非常に違った創造になって来ると思うのであります。むしろこれは普通のこの歴史的創造というものの主体的転換といいますか、あるいはまた一面においては、価値の転換といいますか、そういうものが其処でなされるような、そういう創造、歴史的創造ということになって来るわけでありますからして、まあクリスト教の言葉を借りていいますならば、「終末」が現在になったというような、そういうことになって来るのであります。

クリスト教でも、本当の歴史というものは終末から始まるということになっているのでありますが、その終末というものが、クリスト教では、それが永遠の未来ということになっていて、終末が現在になってはおりません。もし現在になっているというようなことを申します場合には、終末がどこまでも向こうにあって、そして現在がそれにつながっているとか、あるいはそれに通ずるというような、そういう程度の意味であって、絶対にその未来というものが現在になっているということではない。その点が私どもの考えているようなものとクリスト教とでは違うのでありますが、仏教の方の考えでは、それにもまあいろいろあるでありましょうが、しかし先ほど申しましたようなふうに、『維摩経』なんかで、「無住の本より一切法を立つ」というような、そういうことですね、あるいはまた「真際を動ぜずして諸法を建立する」というような、そういうことは、これはクリスト教のような考え方とは違っているのであって、「真際を動ぜず」とかあるいは「無住の本より」とか「道法を捨てずして」とかいうような場合は、これはクリスト教で未来であると言っている終末というものが、これがむしろ現在であると、こういうことになって来る。そういう意味で現在が宗教的な創造の世界である、つまり現在が菩薩行の世界であるということになって来るわけでありまして、神の創造の世界というようなことも、これは過去に神が世界を創造したというようなことでも、あるいはまた、神の国が終末からして始まるというようなことでもなくして、現在、常に新たな神の創造の世界というものが成立してゆく。これは決してその創造されたものが、静止的にもう何か固定的に作られているものというものではなくして、それは常に創造されてゆく、常に創《つく》られてゆくというように、刻々に創られてゆくという動的な意味のものでなければならないと思う。

それで、そういう固定性というようなものが、其処では動的な新たな創造というものに変わって来るということが言えると思うのでありますが、私はそういう世界というものが、世界としては、まあ宗教的な世界である、しかもそれが歴史と決して離れないといいますか、歴史の主体がいわば神であるような、そういう歴史的創造というものになって来るというふうに考えるのである。それで、生滅とか、変化とか、差別というものが、それがむしろ絶対的なるものの働き、それの創造面ということになって参りますからして、普通の生滅の世界とか、あるいは変化の世界、差別の世界というものとは非常に意味の違ったものになって来ると思うのでありますが、宗教の世界というものは、やっぱりそういうものでなくてはならないのである。

「各自の使命に従ってその持ちまえを生かし」てゆくということも、ちょうどそういう絶対普遍的なものが、それぞれ自己自身を自己限定して働いてゆくという、そういうことになって来ると思うのであります。それですから、この「各自の使命に従ってその持ちまえを生かす」ということは、これは自分が生きるゆえんでもあり、また全体が同時に生きるゆえんにもなって、其処に全体が生きるということと自分が生きるということとが一つになってゆくわけであります。単に全体のために自分が犠牲になってゆくというような全体主義というものでもなければ、また個人個人というものが、ただ個別的に自分だけをただ生かしてゆくというような、そういう単なる個人主義とか自己中心主義とか、あるいは民主主義というような、そういうものではないのであります。むしろこの自分が生きるということが、それが全体のためにもなり、また全体が生きるということが自分のためにもなる。そこで全体が個人の犠牲になるというようなこともなければ、個人が全体の犠牲になるというようなこともない。そこでは個人が生きる、十分に生かされるというようなことが、それが全体が生きるということになり、全体が生きるということが個人が生きるということにもなるというような、そういう在り方のいわば社会というものが成り立つというふうに考える。で、利己とか利他とかいうようなことでも、やはり同じようなことになって来るのでありまして、単なる利己主義でもなければ、また単に利他主義でもないのであって、本当に自利というものがそのままに利他になり、利他というものがそのままに利己ということになって来るような、そういう在り方のものになってゆく。それで、菩薩行というものは、実際、そういう形のものでなければならないと思う。菩薩があわれみ深い心を持つというようなことの真意というものは、実はそこにあるわけでありまして、自利利他円満というようなことが仏教などで言われておりますのは、そういう在り方においてはじめて成り立つものと言わなければならないと思うのであります。また事事無碍というようなことも、そういうような意味で、いわば円成した個といいましょうか、私どもの考えておりますようなそういう個人ということになって来るわけであります。

そういう在り方に、われわれがなってゆくということが、「各自の使命に従ってその持ちまえを生かし」てゆくということになるわけでありますが、そういう使命にですね、個人の使命ということから申しますというと、大体、私は二つに分けて考えてみることが出来ると思うのであります。その一つは、そういう「本当の自己にめざめてあわれみ深い心をもった人間となる」というような、そういうつまり人間にですね、すべての人がなってゆくように働く、そういう使命というもの、これはまあ現実面で言いますというと、この倫理的な道徳的な教化とか、あるいは宗教的な教化にたずさわってゆくというそういうことである。これはどうしても、人間にはなくちゃならないものでありますが、そういう使命に従ってゆく人、私はこれは教育家とか宗教家というようなものが、それに相当するものと思うのでありますが、それともう一つはですね、あるいは現実の生産に従事するとか、あるいはまたこの現実の文化にたずさわるとか、そういうような、つまり現実の仕事にたずさわってゆくというそういう二つが、大体考えられると思うのであります。それをしかし果たすということには、そこに、それを果たすということで、われわれの生き甲斐というものを感ずるわけでありますが、その場合に生き甲斐を感ずるには、その使命というものが十分に果たされなければならないわけでありますからして、その使命を果たすためのわれわれのいわば準備とか、そういう働きの手段になり、そういう方法になるようなものが無限に獲得されなければならないのでありまます。そこにまた、われわれがそういう研究をするなり、あるいはまたその研究の応用をするなり、いろいろなそういう人間の努力というものが、そこになされなくちゃならないことになって来る。それによって初めて「各自の使命に従ってその持ちまえを生かし」てゆくということも出来てくると思うのでありますが、その二つの使命というものは、これはやはり、「個人の悩み」とか、あるいは「社会の悩み」とかいうものにつながり、あるいは「人類解放」というようなことにつながり、あるいはまた「真実にして幸福なる世界を建設し」てゆくということに、密接な関係を持って来ることになるわけであります。

(4) 個人や社会の悩みとそのみなもとを探り

一

この前は「各自の使命に従ってそのもちまえを生かし」という所まで終わったように思います。それは一応終わったことにしまして、今日は「個人や社会の悩みとそのみなもとを探る」という点について考えてみたいと思います。

「各自の使命に従って」云々ということと密接に関係してくることとですが、「使命」をいかなる使命とするか、また「各自のもちまえを生かし」て使命を完うするという場合に、どういうことを「使命」の対象とするかという問題が必然的に出て来るわけであります。その場合に、その使命というものには、大体、「個人や社会の悩み」を救うということが対象となってくる。また「個人や社会の悩み」を救うということは後の「人類解放の悲願をなしとぐ」ということにもかかわってくる。「個人や社会の悩み」を救うということは、結局「人類解放の悲願をなしとげる」ということになってくるから、「個人や社会の悩み」を救えば「人類解放の悲願」はなしとげられる。まず「個人や社会の悩み」というものを救うということのためには、その悩みというものが如何なる源から起こって来るかということをよく探究して、その源を除くということによってその悩みの救いが因果必然的になしとげられることになるから、まず、どういう悩みがあるかということを探ると同時に、そのよってくる根源をよく究めなくてはならないと思います。その意味で「個人や社会の悩みとそのみなもとを探り」という項目が「人類の誓い」の中に出て来なくてはならないことになるわけであります。

　まず「個人や社会の悩み」ということでありますが、大体その悩みというものはわれわれ人間が悩むわけであるが、われわれ人間の誰かの悩みにならない悩みはその主体のないものとなるから、主体のない悩みはあり得ないわけであります。また悩みとは誰か個人の悩みには違いないが、そこにまた、悩みの種類としましては、個人的な悩みと社会的な悩みというものに分けて考えることが出来る。社会的な悩みでも個人の悩みには違いないが、それを一応社会的な悩みと個人的な悩みとに分けて考えることができると思うのであります。

　個人的な悩みというものは、一応社会と切り離した個人、自分の悩みというような性質のものになってくると思うのであるが、かかる悩みが人間にはあると思う。ごく卑近なことからいいますならば、自分だけで悩んでいるということがありまして、人にも話せないような悩みとか、他人によってはどうにもして貰うことが出来ない悩みというようなもの、これは他の個人によって生ずる、あるいは社会から生じてくるような悩みではなくして、個人としての自分から、起きてきたものである。こういう悩みというものを一応個人的な悩みということが出来るかと思いますが、その個人の悩みもよく詮索してみますと、それが社会的な悩みである、というふうなものもあるのでありまして、一見した所では社会とは関係ないように見えていても、社会からして起きてくる個人的な悩みだということもありまして、その見究めは大事でありますが、難しい場合があります。しかし純粋に個人的な悩みであるかどうかということは、よく考えて見なければなりません。純粋に個人的な悩みというものは個人というものから起きてくるものであり、また個人によらなければ始末のつかないものである。こういうものの例をとってみますというと、自分が病気しているというような悩み、これは社会が病気というのではなく、他人がそうであるのでもなく、自分が病気である。この病気は個人的な悩みであるといえる。しかしその病気というものも人によって癒やして貰えるというような性質をもっている限り、その悩みというものは個人的な悩みでありながら、なお他によって、医者や他人によって癒やされる悩みになりますから、それは純粋に個人的な悩みであるとはいえない点がある。

ところが、このような病気というような肉体的なものでなく、精神的なものも考えてみることができる。これにもいろいろあると思いますが、一々その例をあげたらきりがないのですが、一応この精神的な悩みというものに、まあ感覚的な悩みと――こういう言葉は少し妥当でないかも知れませんが、道徳的な悩みと区別しまして道徳的でない悩みということで、事業に失敗して道徳的責任は感じないけれども、今まで有ったものを失ったために悩む、財を失ったために死ぬほど悩む、失恋したために悩むといったような、いろいろ道徳的なものと区別されるような悩みを感覚的な悩みとすると――それとは違った道徳的な悩みとがある。後者には個人の責任という問題、誰もそれを荷なってくれるもののない責任、罪の問題が出てくる。感覚的な悩みは罪と結びついてはこないが、道徳的な悩みは罪の悩みである。実はこれはどこまでも個人として、個人が負わなくてはならないものである。罪というものは個人的な悩みとしましては純粋な形をとってくるものと考えられる。これは悩みというものの個人的に感ずる量からいいますと、人によって道徳的なものより、自分が何か失敗したとか、失恋したとかいう悩みの方が強く出てくるとも思われるが、しかしその客観妥当性という方から申しますというと、道徳的な悩みという方が、どうしても「悩むはずのもの」という一つの客観妥当性をもってくるのですから、それが人間として一番強く迫ってくるものでないかと思います。

罪というものはどうしても、これはどこまでも自分に負わなくてはならないものでありますから、これは非常に個人的な悩みということになってくると思う。この罪というものも考え方によりましては、自分にはそう思っているが実は自分の責任ではない、自分が道徳的に犯したのは社会の方に原因があるとして、罪はすべて社会に還元してしまう考え方もないではないが、これは非常に難しい問題であると思う。しかし全く社会に還元してしまうということは私は出来ないと思う。やはり自分がするということがある。自分が意志をもってしようとした自律的な行為――これが個人の責任を負うべき行為である――はなくなるものではない。それがなくなると個人たるゆえんや個人の独立性もなくなってしまうから、どうしても道徳的責任というものが、個人的道徳的責任というものが人間には必然的にあると思う。そうであるから、われわれには悪いことをしたという意識と、責任を感ずるということがある。これはどうしても、私は、人間としてはなくならないものであると思う。

そういう道徳的責任というもの、つまり罪の悩みというもの、これは本当に人間らしい悩み、感覚的でない良心の悩みというものになってくるが、こういう悩みというものを救うということがいかにして出来るか、どうしてそれから救われることが出来るかということは、これは一つは道徳の大きな問題にもなってくるし、それからまた、ここに一つは道徳から宗教へつながる必然的関係があるというように考えられる。それでやはり宗教で罪というようなものの救いというようなことが、高い宗教では大事な問題になってきているのである。感覚的な救いというものも無論大事なものであるが、しかしながら、人間の、人間らしい悩みというものの救いということになりますというと、どうしても罪の救いということになる。宗教でも低いものは感覚的な悩みの救いが主になっている、あるいはそういうものばかりであるが、高い宗教になると感覚的なものより罪の救いが主となる。ということは罪が人間らしい人間として最も耐えられないものになってくるからではないかと思う。これはまあ人間の規範意識の問題である。規範の意識は人間生活にとって非常に大事なものである。むしろ人間の生活からいうと、それが人間らしい法則的な意識ということになってくるから、それで感覚的な悩みというものも同情すべきもの、いたましいものであるには違いないが、罪の意識ほどに客観的には強い悩みにならぬと考えられる。

そういう意味で私は、個人的な悩みということについては、まず罪というものが純粋に個人的といってよいものになると思う。罪というものを道徳によって補ってゆく、より善くしてゆく、自分がだんだんと道徳的になってゆくことによってそれをまぬかれる、すなわち、道徳的な罪を道徳によって救ってゆくということもある。だんだん一つ一つ後悔して善人になり、救われてゆくこともある。これが悩みを道徳的に救うことである。が、道徳的な悩みも道徳に徹してゆくと、道徳的にはどうすることもできないという所がある。かかる悩みというものが一つは道徳的な悩みでありながら、道徳の領域を超えた悩みと考えられる。こういう悩みが宗教的な悩みということになる。私は道徳的な悩みから宗教的な悩みに通ずる方向において悩みを見てきたが、それはその道、その方向だけと、限ることは出来ないのである。しかしそれが大きな、大事な宗教的な悩みへの通路、方向であるとはいえるのではないかと思う。で、こういう所に宗教の悩みが個人的な悩みであるということも出て来るのである。それは、およそ人というものは誰でもそれを悩まなくてはならないような、すべての人に、という普遍性を持ったものとなるのである。それで、それは個人的な悩みでありながら、人間に普遍的な個人的な悩みということがいえるのではないかと思うのであります。

二

この前は「個人や社会の悩みとそのみなもとを探り」という項目につきまして、その項目の全体の意味と、それから、個人の悩みということにつきまして、少し詳しく考えてみました。それでまあ、個人の悩みにはいろいろの悩みがあるわけでありますが、規範意識の故に起こってきます悩みというものが、これがまあ人間としては、いわば客観的な悩みと申しますか、悩むということがただ感覚的な悩みというようなものではなくして、われわれに罪の意識というようなものを生じさせてくるような悩みというものになるのであります。つまりまあ広い意味での良心に反するというようなことから起こって参ります罪の悩みというものになると思う。しかし、規範意識と申しますというと、道徳的な狭い意味での良心というものもその中に一部として含んでいるようなものになるわけでありまして、これはいわば人間の客観妥当性の要求というものをまあ全部その中に含むことになる。学問というものにも、また芸術というものにも、また狭い意味での道徳というものにも、こういう規範意識というものがある。それでそういう規範意識に反するということは、これは人間の悩みの中でも、いわば悩まるべきものといったような性格を持った悩みというものになってくるわけであります。ただ恣意的な、我が儘な悩みとはよほどその性格が違ってくるわけであります。でこれは、ただ感覚的な世界だけにあるのでないような悩みといわなければならない。このような悩みがやはり人間として、一番人間らしい悩みであるということがいえる。それはいかなる点からかというと、人間にとってはやはりこの客観妥当性を求めてゆくということが一番人間らしい要求と言ってよいからである。人間からいうとそれは本質的な要求である。人間は恣意的な要求に従うのでなくして規範意識に従ってゆくという所に、人間の人間らしさがあると、こういうふうに考えられるのでありますから、それで人間に固有な悩みという点から申しますならば、規範意識に反するという悩みというものは、これはまあ人間のみにある悩み、また一番人間らしい悩みといってよい。この悩みを除いてゆく所に、そこに人間の生きるという、人間らしく生きるという意味もあるというふうに考えられる。それでありますからして、その悩みを除いてゆくということは、結局は広い意味での良心に従って生活してゆくということになる。そしてその良心に全く反しない、そういう生活をするようになるということが、これが人間の生きる一番の目的であり、理想であると考えられる。したがって、その悩みを除いてゆくという方法についていえば、そういう悩みの根源であるところの、良心に従わないというそういう反良心的なものをわれわれの中からして除いてゆくということが、その悩みを除いてゆくという方法になってゆくわけでありますからして、そこに法則の尊重ということがどうしても強調されなければならないことになる。

この場合の法則と申しますのは、つまり、個別的な法則というのではなくして、いわば規範意識という法則にしたがってゆくということになるのでありまして、ここに自律性というものもあることになるのであります。他律的な法則に従うのでなくして、自律的な法則に従うことになってくる。孔子のいいますような、心の欲する所に従って矩をこえず、という、ああいうことが一応ここで目的となり理想となる。この孔子の言葉のようなのが、いわばその悩みというものを解決するということになってくると思うのであります。ここにいわば人間性の完成ということが考えられるわけでありますが、しかしそういう目的というものが事実上、達せられるかどうかという問題がここに生じてくると思うのであります。そういうことが人間にとって問題となりますならば、悩みというものにも、規範意識に反するというそういう罪の悩み、つまり一番深いあるいは最後的な悩みと思われるものよりも、もっと先の悩み、というものがある、と考えることが出来ると思うのであります。その悩みというものはどんな悩みかといいますると、全く非良心的でなくなるという人間の理想が不可能であるという、そういう悩みであると思うのであります。この悩みというものは、一応人間が最後の悩みとしている悩みというものが道徳的な仕方によってはとうてい除かれないという、そういう悩みになってくるわけでありまして、その悩みというものは、これは先の道徳的な悩みというものよりは人間にとってもっと深い悩みであり、あるいは深刻な悩みといわなくてはならないと思うのであります。つまり人間にとって、人間らしさというものが結局は達しられないということになるのでありまして、つまり道徳の世界では道徳的な悩みというものは道徳によって除かれてゆくということになるわけでありますが、それが除かれないというそういう悩みになってくるわけでありますからして、これは人間の根源的な悩みといってもよいのでありまして、ここにいわば、普通にいっている意味での人間性への絶望というようなことが出てくることになりまして、まあそこに、本当の意味での宗教的な悩みともいうべきものが、人間において必然的に成り立つというふうに考えることが出来ると思うのであります。

そういう悩みというものは、いわゆるこの罪でも、ふつうの道徳的な罪というよりはむしろ宗教的な罪というべきものになってきまして、原罪という言葉であらわされたり、極悪深重という言葉であらわされるものになる。むろんこの原罪とか極悪深重とかいうことがいろいろに解釈されるでありましょうけれども、私は人間における原罪とか極悪深重とかいうものを、そういうふうに解釈してゆきたいと考えておるのであります。それでこの悩みというものは、なんらかの仕方で除かれなければならない悩みになるわけであります。しかし、その仕方というものは新たな仕方になってくるわけでありまして、そういう仕方というものが宗教的な仕方ということになってくると思うのであります。で、宗教的な救いということは、その悩みというものを救うという意味になってくるのであります。そういう悩みの救い方というものには、これは宗教によりましていろいろその仕方がある。クリスト教にはクリスト教の、仏教には仏教の仕方があるのでありまして、必ずしもそれが同じ仕方であるとはいえないと思うのでありますが、しかし、その仕方というものがただ道徳的な仕方ではなくして、そこに道徳と違った仕方がなければならない。それは申すまでもないことと思うのであります。でまあ、その宗教的な救いの仕方というものに一応その二つの仕方があるというふうに考えることが出来ると思います。その一つの方は、これは他者的な救いの力によって救われるというようなゆき方であり、今一つは、それがなお深い自己というものの覚醒というものによってそういう悩みというものからして脱してゆくという、そういう仕方であります。この二つが考えられると思いますが、先の方はクリスト教のような仕方であり、後の方は仏教の仕方であると、一応考えることが出来るのであります。

ところで、「人類解放」という場合に宗教的と社会的という二つの人類の解放がありますが、しかし今申しましたような宗教的な解放ということも、必ずしも個人の悩みの解放ということに尽きるものではないというふうに考えられると思うのであります。それはどういうふうなことかと申しますと、社会の悩みというものにも、社会的宗教的な悩みというものもあるのでありまして、この社会的宗教的悩みというものの救われた世界というものが、いわば宗教的世界といわれるようなものになるのであります。そして「神の国」とか「浄土」でありますとか、あるいは法界でありますとか、そういうふうな言葉で言いあらわされるものは、それに当たるわけであります。神の国とか浄土とか法界とか言いますものは、ただ個人が救われたということだけではなくして、救われたそのメンバーによって成り立つそういう世界というものになってくるわけでありまして、ただ単に個人といったものだけでなくして、そこに社会というものが成り立ってくるのであります。しかもこういう社会というものも、ただ救われた成員によって成り立っている社会というだけではないものがあると思う。つまり、ただ救われたもののただの集合でありますというと、それは本当の意味の社会ということにはならないのでありまして、そこに、そのメンバーの構成している社会が有機的に成り立ち、そういうものとして、救われた個人の集合というものだけでなしに社会というものが成り立ってくるというところがなければならない。そういう社会が宗教的社会といってよいものになると思うのであります。そういう社会にしてゆく悩みというものが、やはり社会的宗教的悩みということになってくる。それで、宗教的悩みというものは、ただ個人が救われたいという悩みというものだけでなくして、社会が救われたいという悩みというものになってくるわけであります。

そういう個人的な宗教的悩みあるいはそれからの宗教的救いというものと、社会的宗教的悩みとそれからの救いというものとは、これは非常に不可分の関係にあるものといわなければならないと思うのでありますが、普通この宗教的というものを個人的なものであると考えております場合には、社会的宗教的悩みというものは考えられないものになりますが、しかし、宗教というものはやはり個人的なものと、社会的なものと、両者が密接に結びついてあることになって参るのであります。これはやはりそういうものの根源というものは個人と社会というものとの関係の所にあるわけでありまして、個人と社会というものとは非常に密接な関係にあって、社会というものは個人なしには成り立たないし、個人というものも社会なしには成り立たない。そういう両者が密接不離な関係をもっているというところに、個人的宗教的悩みというものと、社会的宗教的悩みというものからの救いというものが考えられることになると思うのであります。

で、社会的宗教的な悩みということは、これはいろいろ考えられるのでありますが、こういうようなこともその一つであると思う。つまり、自分が救われるということだけではなしに、他人も救われて欲しいとか、人をも救いたいとか、そういうようなことにおいてそれは成り立つものでありますす。で、仏教というものにも衆生済度という、そういうことがある。自分だけでなしに人をも救う、無限に他の人をも救って、すべて救われたものの世界をそこに実現させてゆくということがあるわけでありまして、「衆生無辺誓願度」ということが一つの誓願として掲げられているということは、これは宗教というものには、自分だけ救われればよいというのでなくして、すべての人を救いたいという、こういうような一つの社会的な救いというものがあるわけで、まあ、少なくともその社会のメンバーというものを救われたメンバーにしてゆきたいという所があるわけでありまして、クリスト教にしましてもやはりすべての人を救いたいということが大事な宗教の要素になっている。しかしそのすべての個人を救ってゆくということは、それはこの社会を構成しているメンバーの一人一人を個人的に救ってゆくことになりますが、しかしながら、社会を救ってゆくということはなにかそれに尽きないものがある。ただ一人一人を救ってゆくということだけでなしに社会を救ってゆくということ、社会的宗教的な救いということが必要であります。これはやはり救われた社会というものを作るということになるわけでありますから、それでここには、また、まあ歴史というようなものも考えられてくる。歴史の救い、人間社会の歴史というものが救われるということが必要になってくる。これはただ個人個人が救われるということにつきるものではない。無論個人個人が救われることは大事なことであるが、それだけに尽きない社会的な救いがあると思うのであります。そういう救いというものが社会的宗教的救いになってくるわけであります。クリスト教などで、世界の終末と、終末以後の世界というものが、完成した宗教的社会として考えられていることも、こういうところにあると思うのであります。仏教でもそういう歴史的世界の宗教的救いということは決して考えられていないわけではないのでありまして、私の考えからいいますというと、浄土というものは本当はそういうものでなければならない。なにか浄土というものが歴史的世界から別な空間にあり、歴史的時間と別な時間において成ったというものであってはならない。むしろそれは歴史が救われるということになってこなくてはならないと思う。世界としてはそういう世界が成り立つことが歴史の目的であり、またそれが世界の宗教的な救いということになってくる、とそういうふうに私は考えているのであります。

でただ今までは、宗教的悩みというものについて、個人的宗教的悩みと、社会的宗教的悩みというものがある、そしてその両者が密接な関係をもっていると申しましたのでありますが、それは宗教的悩みというものに、個人的なものと一応区別されるような社会的宗教的な悩みというものがあると思うからであります。ところで個人の悩みに宗教的悩みというものと、そうでないものとが一応区別されますように、社会的悩みというものにも、私は宗教的悩みとそうでないものとが一応区別されることが出来ると思うのであります。で、そういう悩みというものには、これはやはり個人の悩みにおける感覚的な悩みというものと良心的な、広い意味での道徳的な悩みとがあるように、やはり社会にもそういう両方の悩みがあると私は思うのであります。その社会的悩みにとっても、個人の悩みにとってと同じように、人間としてはやはり感覚的な悩みではなくして、道徳的な悩みというものが本当の悩みであり、その悩みから救われていないということが、それがこの人間の社会の一番本質的な悩みであるのであります。そして、それがやはり道徳的な方法によってはどうしても達せられない。そこに社会においても社会的宗教的悩みというものが出て来る、とこういうふうに考えることが出来ると思うのであります。

三

前回には個人や社会の悩みということにつきまして、まずその悩みの内でも、いわば宗教的な悩みということにつきまして、お話を致してみました。それで個人にも宗教的な悩みというものがありますが、ただ個人の宗教的な悩みというだけではなくして、社会というものでも宗教的な悩みというものがある。これは無論相互関係があるのでありますが、しかし一応区別して考えますということ、個人的な宗教的な悩みというものは、これはまあ、個人的に解決することが出来るというようなものでありますが、しかし社会的な宗教的な悩みというものには、個人的な宗教的な悩みが解決されただけでは解決されないようなものがある。それでこれが逆にまた、社会的な宗教的な悩みというものが解決されましても、個人的な宗教的な悩みは解決出来ないということに一応なっておるものだと思います。宗教的方法というものにも、個人的に宗教的悩みを解決するような仕方というものと、社会的に宗教的悩みを解決する仕方というものと、やはり両方あるのであります。宗教というものによりましては、その宗教というものが全く個人的な性格をもっているという場合と、その宗教が社会的性格をもっている場合とがあるのであります。そこで宗教的な信仰とか修行とかいうものにしましても、ただ個人の内に沈潜してゆくというものもありますし、また何か社会的な仕方でもってその宗教的悩みを解決してゆくというものもあるのであります。それで個人的宗教とか、社会的宗教とかいうものも一応考えられうると思うのであります。その場合に、社会的に解決するという場合は、ちょっと考えますというと、何か普通にいう意味での社会的解決というふうに考えられますが、そうではなくして、やはりここに、普通の社会的なといいますか、世間的といいますか、あるいは現実的なといいますか、そういう意味での社会的方法では解決出来ないというような、そういうものが社会的にもあるというところに、社会的な宗教というものが考えられるのでありますす。それでその点で社会的に出世間的とか、超現実的とかいうことが、私はいわれるのではないかと思います。そういうことをごく根本的に申しますというと、やはり歴史というもの、つまり現実的な歴史の営みというものではどうしても解決出来ないという問題がある、ということがそこに前提されているわけでありまして、そういうものは歴史の中の問題ではなくして、むしろ歴史を超えた問題でありますから、超歴史的な問題だといわれうる。普通歴史を超えたということはちょっと考えられないようでありますが、私は歴史を超えた、歴史的な営みによっては解決出来ない問題があると思うのでありまして、そういう問題というものが、いわば歴史的な宗教的な問題——ちょうど社会的な宗教的問題ということがいえるように——ということがいえると思う。歴史の終末ということが考えられるということは、どうしてもそういう所にその根據があると私は思う。歴史の終末ということは、普通にはちょっと考えられないことのようでありますが、すでにクリスト教においては終末観がある。これは歴史の終わる時ということでありますが、その歴史の終わるということが時間的に未来に終わるというように普通は考えられる。何万年後に歴史の終末がくると考えられますが、これは時間的未来の問題ではなくて、歴史そのものの運命の問題である。つまり、歴史によってすべてが解決出来るかどうか、こういう問題でありまして、歴史自身の内に根源的に含まれている、論理的にいえば矛盾、感情的にいえば苦悶、意志的にいえばディレンマというものがあるのであります。これは歴史自身のもっている性格である。普通、現実的歴史的ということで申しますと、現実的歴史にもそのようなものがありますが、それは相対的なディレンマであって、決して絶対的なものとはいえぬ。その場合ディレンマといっても絶対的なものでなく、特殊なものであって、そのディレンマはディレンマであってディレンマでないという所がある。ディレンマであるがディレンマでないということが、またしかしディレンマである、というふうな両方の性格をもっている。絶対的なディレンマということはない。矛盾にしても苦悶にしても同じものでありますが、ところが歴史というものの運命というもの、限界といいますか、そういうものの所に絶対的なものがある。つまり歴史には絶対的な矛盾がある。これはどうしても歴史によっては克服されぬものであり、そこに歴史というものが否定されるというか、歴史に絶望するという処があるわけであり、そこに終末がある。終末は未来にあるのでなく、歴史そのものの根源に必然的にあると考えるのが本当ではないか。それは個人の場合でも、個人の生活とか、あるいは生命とかいうものの内にそういうものがある、というのと同じようなことになってくると思う。それですから、その絶対的なディレンマというものを克服する方法というものが、それが本当の宗教的方法ということになってゆくのだ、とそういうふうに考えられるのであります。しかし、個人のそういうものと、歴史のそういうものとは一体全く別のものかというと、それは別のものとはいえない。それでは、どういう処で二つが一つに帰してゆくかといいますというと、それは私はヒューマニティという処だと思う。個人といってもヒューマニティ、社会といってもヒューマニティ、結局この二つはヒューマニティの運命ではないか、そしてそこへ帰してゆくのではないか。絶対矛盾はヒューマニティの底にある絶対矛盾である。そこが個人の内に見られた場合は個人的と考えられ、また、歴史の内に見られた時は歴史的と考えられるのであるが、しかしそれは帰する処は一つである。そういうふうに私は考えてゆきたいと思っているのであります。それで結局は宗教的悩みというものは、ヒューマニティの底にある絶対苦悶、ディレンマ、矛盾というところにあるというふうに考えるのであります。

で、それが、先ほどから申しましたように、いわゆる現実的な世間的な仕方では、どうしても解決出来ぬ問題として残る。ですからして、われわれの悩みというものがその現実的な営みというものによってことごとく解決出来るとかいうふうに考える考え方というものは、これは人間性というものの、そういうこの深みにある問題というものを知らないものだといわなくてはならない。その点でいわばヒューマニズムというものを、人間のすべてを尽くすことが出来るイズムだと考えるということ、つまりそういうふうに考えるヒューマニズムというものは、これは私は未だ本当の人間性というものの根源を認識したものということはいえないと思う。そういう点で、そういう宗教的悩みをもっている者にとっては、ヒューマニズムは頼りにすることが出来ないものになってくる、ヒューマニズムに止まることが出来ぬということになってくると思う。

で、今日の思想から申しましても、そのいわゆる歴史の営みというもので全部解決したというふうに考えている考え方というものは、これは人間性の深い処に徹しない考え方といわなければならない。それでわれわれがもし本当にその、宗教的な言葉でいって絶対的な安心を得るとか、絶対の平和を得るとかいうようなことから申しますというと、そこまで至ってそれが解決されぬことには、結局はその安心が相対的なものに過ぎぬ。安心といっても、それはまだ不安というものが後ろからして脅かしてくるというようなものであって、永遠に不安と安心の繰り返しを悪無限的に続けてゆく他はないのであります。どうしてもわれわれとしては、ヒューマニティの底にある絶対矛盾を解決しなければならない。人間にとって規範意識というものは、高い、あるいは一面からいいますというと深いものといってよいのでありますが、しかし、も一つ高いところに宗教というものが要求されるというふうに私は考える。宗教的悩みというものは、単に個人的主観的悩みでなくて、人間性の根柢にある悩み、すべての人の、またその人がつくっている世界の根柢にある悩みといわなければならない。そういう悩みを自覚するかせぬかということは、それは個人により、また歴史と時代によって違うのでありまして、ある場合には全くそういうものが気づかれていないということがあるのでありますが、しかし気づかれていないというだけであって、実は元来根柢にそういうものがあると考えざるを得ない。だからこれは決して主観的なものではないと私は考える。それでそういう宗教的悩みというものを解決するということにおいて、人間が自分の立つべき場所というものを確保してくることになると思う。つまり安定した人間の根柢をそこに確立することが出来ると思う。そしてその営みというものが、それがいわば宗教的な生活ということになってきまして、その宗教的生活というものが、「各自の使命に従ってそのもちまえを生かす」という処で考えて見ましたように、宗教的な悩みを解決してゆくという方向と、それから日常の現実の悩みを解決してゆくという、二つの方向に向かってゆく。しかし宗教的人間ということから申しますというと、その宗教的な人間というものは、宗教的に働いてゆくということが同時に世間的に働いてゆくということを含んでいるもの、両方とも兼ね備えているものである。それが世間的に働いてゆくものであるという処に、ただ世間的に働いてゆくのでなく、宗教的に働いてゆくというその根柢、その筋金が入っている。日常生活をやっていることが宗教生活ということになる。だがそれはただの日常生活ではない。そこに世間的生活と宗教的生活とが一つになったということがある。しかし、世界なり他の人なりを宗教的にしてゆくという方向に働いてゆく場合と、日常の生活を良くしてゆくために働いてゆくという場合と、大きな分業というものがそこに出来てくる。同じく現実の中の営みでありますが、一方は宗教的にしてゆくという営みであり、一方は現実を現実的に良くしてゆくという、そういう営みというものになってくる。そういうふうに考えることが出来ると思うのであります。そういう二つの営みによって、宗教的人間が人類を解放してゆくということになるわけでありまして、「人類解放の悲願」というその悲願は、人類を宗教的悩みから解放してゆくということと、世間的悩みを解決してゆくということと、その二つによって成し遂げられるということになるのであります。ただ現実の問題を、あるいは現実の悩みを解決してゆくというだけでは、これは人類の全面的な解放にはならない。そういう点で、この道場は両方面をはっきりと認識して、両方兼ね備えてゆくということを目的とするわけであります。各自の使命ということも——お互いに誰でも宗教人でなければならぬが——その宗教人が、宗教家として働く場合と、そうでない場合とが分業的に岐れてくる。共々その両方の使命——片方だけではいけないのでありまして——を果たしてゆくということが、道場の目的、働きにもなってくるわけである。まあ結局、宗教的悩みと世間的な悩みというものについて、その起こってくる根源というものを知って、それに対して、その悩みを救う方法というものを講じてゆくということになるわけであります。

(5)　歴史の進むべきただしい方向をみきわめ

今日は「歴史の進むべき正しい方向を見きわめ」というところから解説してみたいと思います。「個人や社会の悩みとそのみなもとをさぐる」というところでも申しておきましたように、この悩みというものには個人的悩みにいたしましても、あるいは社会的悩みにいたしましても共に、いわば現実的・世俗的な悩みと超現実的な宗教的な悩みとがあるのでありまして、これは人間にとって両方とも必然的にある悩みであって、単にこの世俗的な悩みがなくなりさえすれば、それで人間の悩みがなくなるというようにはどうしても考えられないのであります。で、この宗教的な、世俗とはむしろ次元を異にする悩みというものがあります。それで、そういう悩みを人間が脱却してゆかなくてはならない以上、「歴史の進むべき方向」というものにもこの宗教的な悩みを脱却してゆく、また脱却せしめてゆくという契機がなければならないということは、必然のことであります。それはつまり、「歴史の進むべき正しい方向」というものの中に必然的に入ってくる契機であるといわなければならないと思うのであります。しかし、この宗教的悩みということも、これはただ単にいわゆる世俗を遊離してしまうとか、それと全く切断されてしまったようなそういうものではないのでありまして、この宗教的悩みの中には、世俗的な悩みを救ってゆく、世俗的な悩みを脱却してゆくというような要素も含まれていなければならないものであります。それでありますから、超現実的と申しましても、それはどこまでも現実に内在する超現実というようなものになってこなくてはならない。超現実的悩みが救われるということは、世俗的悩みが救われるということと全く別個なことといってしまうことはできないのであります。それで、ここでは宗教的な悩みとそれからの救いが、そういうような現実・超現実一体の宗教的な悩みになり、また宗教的な悩みというものからの救いがそういうような一体の救いというものになってこなくてはならないのであります。したがって私は「歴史の進むべき方向」というものは、宗教的に救われてゆくということと密接なつながりをもって、世俗的悩みが救われてゆくという、そういう意味のものになってこなくてはならないというふうに考えるのであります。普通、宗教的悩みの救われるという場合は、全く歴史と無関係であって、ただ単に歴史の外に出てしまうというようなことになります。例えば、宗教的に悩みの救われた世界というものは、時間的にも歴史的時間の外であるとか、あるいは空間的にも歴史的空間の外であるとかいうような考え方の宗教とは、私の考えている宗教は非常に違っているわけであります。で私は、歴史的時間の中においてまた歴史的空間の中において、宗教的悩み、あるいは宗教的悩みの救いというものが成り立ってくる、またこなくてはならないというふうに考えているのでありますす。そういう意味で歴史を超えるということは、歴史の中において歴史を超えるという意味になってこなくてはならない。したがって「歴史の進むべき正しい方向」というものは、この宗教的な悩みと世俗的な悩みが救われてゆく、そういう方向でなければならない。だから、宗教的な悩みが救われるということが、世俗的な悩みが救われるということとはまるきり関係がないという、そういう宗教的な救いは本当の救いではない、というふうに私は考えているわけである。ですから、個人の在り方というものも世俗的に救われるということとともに、それから、宗教的に救われるという、そういう方向に向かってゆかねばならない。それと同時に、社会というものの在り方もそういう両面をもってゆかなくてはならない。どちらが欠けるということになりましても、これは本当の正しい方向とは言いがたいというふうに私は考えるのであります。

つぎにこの世俗的なものに関しまして、世俗的な歴史の方向、特にその「正しい方向」というものはどういうふうの方向かということに関しまして、少し考えて見たいと思うのであります。このう「正しい方向」というものは、「正しい方向」という以上、どうしても歴史の事実的な進行方向というものに対して価値判断をするという、そういうことが、「正しい」ということの中には含まれていなければなりません。それで、現在の歴史的な現実というものに立って考えてみます場合に、この現在の歴史的現実が一体どういう方向に進んでいくかということは、これは過去から現在に歴史が動いて来たその動き方によって一応決定されてくると思います。そのままにしておいたならば、進んでいく必然的な歴史の方向というものがある、と私は思う。それでそういう方向というものは、これは私は歴史の進んでいくその事実的な方向であるというふうに考えます。過去の歴史の因果的必然というものによって、それがたとえ観念論的に見られるか、あるいはまた唯物論的に見られるか、そのいずれかでありましても、とにかくそういう必然というものがそこにあるのであります。それでその必然をわれわれが認識することは、これは歴史的認識として非常に大事なことであるには違いないが、しかしそういう認識ということと、それからそういう認識によってそこに見究められた歴史的な現実の事実ということと、そしてその事実をわれわれが判断する――判断はその場合価値判断というものになるわけですが――その価値判断ということは、これは一応区別されなければならない事柄であります。そしてしかも、それを価値判断するということは、これは事実判断とは違った一つの判断の仕方であって、これが事実であるからしてそれが正しいとか、いいとかいうことは、それは価値判断というものの混濁になって来るわけでありますからして、その事実というものを、つまり事実判断によって成立したものを批判する、価値判断するということは、これは人間の自由であるのであります。その事実の方向を是認しようと否定しようと、そこには価値判断の自由ということがなければなりません。だから歴史の進んでいく方向というものを、それが事実的に進んでいく方向というものを、われわれは自由に否定することも出来るのであります。この否定ということは、そういうふうに進むべきでないとか、進んではならないという判断の下に、これを否定することであります。あるいはまたそれを肯定する場合も、これは価値判断の上でこれを肯定していくことになるわけであります。だから事実の如何にかかわらず、われわれがそれを否定し、また肯定することは、われわれが自由にそれを為すことが出来るという価値判断の自由さをわれわれが持っているということを意味しておるのであります。もっともその価値判断の自由さというものも、そこに価値判断のもつ必然性というものを持たなければならないのでありまして、これは妥当性といってもいいことでありますが、そういう必然性と事実判断というものとは別個に考えられなければならないものであります。価値判断は判断の判断だといわれていますが、この点をわれわれは混同してはならないと思う。

あるいはここに一つこういう疑問が起きて来るかも知れないと思いますが、それは、そういう価値判断をする場合に、その判断をさせるものはやっぱり事実的な必然的なものがそれをさせるのではなかろうか、というような疑問であります。がしかし、これは判断の自由さを無視することになって、この価値判断の自由さというものも事実的必然的なものにしてしまう考え方になるわけでありまして、これは価値判断の本質に反する考え方である、と私は思う。それでありますからして、価値判断の歴史的現実に及ぼしていく影響は、歴史的現実を価値判断によって肯定しまた否定して、その肯定する方向に歴史的現実をしむけていくといいますか、一つの歴史の方向を新たに創って行く、つまり、事実的必然を変更していくという働きがそこから出てくる、ということであります。むろん、価値判断だけで事実上の歴史というものが形成されていくというものではありませんが、しかしながらその判断が歴史の方向を決めていく上での、しかも「正しい方向」を決めていく上での非常に大事な契機になってくる、といえるのではないか。これが、人間の創造ということである。歴史を創っていく人間に自由があるということは、どうしてもそういう価値判断の上に成り立って来ることでなければならないのであります。そしてまたそこにこそ人間のむしろ非常に大事な自由性があるのであります。だから価値判断さえも歴史的事実に左右されると考えることは、人間性というものを否定していく考え方である、と私は思う。その価値判断の自由さというところに、人間の自由な自律性の根拠があるのであります。と申しますのは、人間の自律性というものもそこに成立して来るからであります。だからして、価値判断は事実に支配されてはならないということを、われわれはどうしても認めなければならないのであります。歴史的現実が現在どう動いて行こうと、まるきり自由にわれわれはこの歴史的現実の是非を判断する、そしてその是とされる方向にわれわれは歴史を創造して行く、こういう自由性をわれわれはどうしても認めなければならないと思います。そしてまたそういう自由性がはっきりしてくればくるほど、われわれは人間がその自由性の本質を発揮していくことが出来ると思うのであります。

ところでここで、どういう方向が「正しい方向」であるかという具体的判断というものにつきましては、むろんそういう自由さを持って、しかも人間の全体的な価値の立場に立って考えていかねばならぬことであります。それでどうしてもこれは一面的に考えていくことは出来ないのでありまして、人間の価値というものの全体の上から判断されていかなければならないことであります。そしてまたその判断がどこまでも何物にも支配されない、一切のどういうものにも支配されない、そういう自由さを持たなくてはならないというふうに私は考えるのであります。しかしその場合に、「正しい方向」というものが判断されて、その「正しい方向」というものにむかって進んでいくという場合には、つまり、歴史をそういう方向にもっていく、形成していくとかあるいは創造していくという場合には、どうしても歴史の法則をよく知るということが必要であります。いわば歴史的法則というもの、歴史の動いてゆく法則というものをよく探求するということが必要であります。この歴史の法則を使って、しかも価値判断によって歴史を正しいと思われる方向に向けてゆくということがなかったならば、『人類の誓い』にいわれている「歴史の進むべき正しい方向を見究め」るというようなことは、これは事実上できないことになるわけであります。それでありますからして、歴史的法則というものはこれはよく探求しなくてはならない。しかもそれを探求するということは、単に歴史が歴史的現実を動かしている法則によって支配されているという事実を探求することを意味しているばかりではなくして、むしろその法則というものを使って歴史を支配してゆく仕方を探求するということを同時に意味している、といわなければならないのであります。で、歴史的法則を知るということはむしろ歴史を支配するための、あるいは歴史的現実を「正しい方向」にしむけてゆくということのための一つの知識を得るということになってこなければならないのであります。私はそこで一般に科学というものについてもそう思いますが、自然科学というものにおきましても、自然科学の法則を明らかにすることによってわれわれが自然を支配してゆくために、自然を人間の価値判断によって人間にかなったようにしむけてゆくということのために、科学法則を知るということが要請されているのであります。むろん科学というもの自体はプラクティカルなものなくしても真理自体として成立するのでありますが、しかし人間の生命、人間の全体的生命、あるいは人間の歴史というものの上から考えてゆきますというと、科学そのものの意義というものが問われなければならないことになるわけであります。科学の意義はどこにあるか、また科学が人間のどういう要求によって興り、進んで来たかということの上から考えてくるというと、つまり人間の全体的生命の上から考えてくるというと、科学というものの意義は、その法則に基づいて、しかもわれわれの価値判断に従って肯定することができるように自然を支配し克服してゆくということにある、と私は思うのであります。そういうようなふうにこの歴史的な自然――自然的な自然というものと歴史的自然というものが考えられると思いますが――というものは、これはどうしても克服されるものでなければならないのであります。で、その歴史的自然を克服してゆくことのために、そこに歴史的法則をわれわれが知るということがどうしても大事なことになってくる。そういうふうに私は考えるのであります。『人類の誓い』の「歴史の進むべき正しい方向を見きわめ」ということには、価値判断ということと、歴史的現実の在り方を知るということと、歴史のうちに支配する法則を知るということと、そういう三つのことが私は大事なことになってきて、そういう三つの条件というものが揃って初めて、歴史の「正しい方向」というものを見きわめ、それを「正しい方向」にもってゆくことが出来るというふうに考えるわけであります。

(6) 人種国家貧富の別なくみな同胞として手をとりあい

それでは、今回は『人類の誓い』の中の「人種国家貧富の別なくみな同胞として手をとりあい」という一段につきまして、私の見解をお聴き願うことに致します。この一段はこれは前段の「歴史の進むべき正しい方向を見きわめ」て、「人類解放の悲願をなしとげ」るということのために、皆が手をとりあい相扶けてそれを実現してゆくというような、そういう意味の処になって来るわけであります。この手をとりあって相助けてそれを実現してゆくという場合に、結局皆が隔てなく一緒になってやってゆくということになるわけでありますが、この隔てなく皆が協力してやって行かないことには、とうていこの「人類解放の悲願」というものはなしとげられるものではないのでありまして、その点では誰も隔意なく団結してやって行かなくてはならないわけであります。とかくその「人類解放の悲願」をなしとげるというようなことを申しましても、いろいろな人と人との間の隔てというものが出来て来がちなものでありまして、二人おりましても、その二人の間に隔意が生ずる、三人いればまた余計そこに隔意が生じて来ると、こういうことになりまして、個人としましても、とかくその隔てをなくするということが、困難なものでありますし、また或る団体と致しましても一つの団体の内では、何とか隔意なしに出来るということでありましても、他の団体と寄りますというと、其処に隔意が生じて来る、団体が多ければ多いほど、また其処に隔てが出来がちなものでありまます。しかし、ものごとは大勢が団結してやらないことには、大きな仕事というものは出来ないものでありまして、ことに「人類解放の悲願」というような大きな仕事になりますというと、沢山の人、沢山の団体というものが、お互いに隔てなしに団結して心を合わせてやりませんというと、それはできないものであります。それでありますからして、大勢寄れば寄るほどそこに隔てが出来るというような状況では、とうてい、「人類解放の悲願」というようなことはなしとげられないのであります。何とかこの団結して、心を合わせて行かなくてはならないわけであります。そういう、団結して隔てをなくするというようなことから申しまして、今日最も障碍とされておりますものは、これは人種の違いとか、あるいは国家の違いというようなそういう違いであります。そういうことが、随分人類が隔てをなくするという上では大きな障碍に事実上なっているのであります。もっとも障碍になるのではなくして、むしろ共同してやって行くような場合もないことはないのでありますが、とかくこの人種の違いというものには差別がつきがちでありまして、どうしてもこう隔てが出来て来る。上下の——上下といいますか、優劣といいますか——そういう差別感というものがありまするし、そういう優劣というようなことでなくっても、何か人種の差別ということから生ずる隔てというようなものが、そこに非常に強くあるというようなことがあるのであります。それで、人類全体が幸福になるとか、一つの「真実にして幸福なる世界を建設し」ようとかいうようなことになりますと、どうしてもこの人種の別というようなものを取り去るという、こういうことがなければならないと思うのであります。それに国家の違い、差別ということが、これが国民と国民との隔てというようなものになって、とかくこの対立するというようなことになる。或る程度までは隔てなくやって行きましても、何処か限界点に達しますというと、其処に隔てというものが、かっきりと出来て来る、こういうようなこともあるのでありますからして、それでこの国家の隔てなしに行くということは、これはどうしても望まれなければならないことであると、そういうふうに私は思うのであります。無論この人種、国家というようなことだけではないのでありまして、外にも団体、集団というようなものの間にいろいろの隔てというものがあるのでありまして、そういう隔て心というものをどうしても取り去って行かなければならないと、そういうふうに私は思うのであります。現状におきましては、人種というものは違っている。その違いというものを何かの政策によりまして、全く違わないものにしてしまうというようなことを、私が、此処で申しているのでは勿論ないのでありまして、或る差別というものがあるのを超えて、お互いに結びつくというような、こういうことをいうのであります。また、国家というようなものにつきましても、現在の状況におきましては、やっぱり差別があるのでありますが、その差別の中において結びつくということ、つまり国家と国家というものが分かれておりましても、その国家を超えてというような心をわれわれが持って行くということが望ましいのでありまして、分かれているがためにおこりますような、そういういろいろの不都合なる障碍というものを除いてゆくということにならなければならないのであります。それで、まず現状におきましては、違った国家に属しておりながら、しかもその国家を超越して、そしてこの人類の福祉のために協力してゆくと、こういうことになるわけであります。もっとも、私、以前にも申しましたこともありますように、一応、やっぱりこの人類というものの立場にすべて立ってしまって、その上で国家というものが、今日とは違ったあり方で成り立たなければならないというようなことを、現在でも思っているのでありますが、その点はただ今はしばらく措きまして、現在国家というものが対立している中であっても、その対立の中で、国家があるがために障碍になるような障碍というものは、それは国家を超えて除いてゆくというようなことにしなければならないと、こういうように考えているのであります。

それから、この「貧富の別なく」というようなことでありますが、これはまあ、現在これも貧富の差というものが事実上あるのでありまして、貧富ということを全くすっかり除いてしまうということが出来ますかどうかということは、これはなかなか難しい問題であると思うのであります。すべての人が全く同じく、同じように平等に富むということは、これはまあ果たして出来るかどうか、非常に難しい問題でありますが、とにかく、少なくとも「貧富の別」が、非常に多くないようにしてゆくということが、われわれの理想であり、またそうして行かなければならないわけであります。しかし、現状におきましては、そういう処に到達していないわけでありますから、この貧富のあります中において、その貧富にかかわらず貧富を超えてお互いに協力していくというような心がなければ、共同の仕事をしてゆくということは出来ないわけであります。私はこの資本家階級とそれから無産階級というものにぴっちり寸法を合わされて、そしてお互いに闘争してゆくということ、いわば階級闘争というようなことをしてゆくということは、これは「貧富の別」を無くするという上においては、とられる方法であるかも知れませんが、しかし私は金持ちだからしてそれを憎むとか、あるいは金が無いからしてそれを軽蔑するとかいうような、そういう心というものを、われわれはとり除いてゆくということが望ましいと思う。そして現状では、この差別というものが、「貧富の別」というものが、種々雑多な程度においてあるのでありますからして、その程度というものを超えて、やはり其処にお互いに隔てなく事をやってゆくという、そういう心というものが、私は望ましいということを申しているわけでありまして、「貧富の別なく」ということは、そういうことによってまた貧富の隔てをなくしてゆくということでなければならないのであります。しかし、「貧富の別なく」といったところで、決して貧富の差のあることを肯定して、金持ちは何時までも金持ちであり、貧乏人は何時までも貧乏人であっていいというようなことを言うのではないのであります。むしろ、現在事実上「貧富の別」がありますが、その「貧富の別」があっても隔てなしに、お互いにこの「人類解放の悲願」をなしとげるということにおいて協力して行くということにならなければならないわけである。「人類解放の悲願」というものの上では、そういう「貧富の別」なしにしてゆくということが、その中に含まれた大事な仕事であるわけでありますが、しかし、そのやり方というものにおきまして、どうしても其処にお互いに憎み合って行くというようなことではなくして、むしろ人類の本当の在り方というものに向かって、現在の差別のある貧富というものを超えて、そしてお互いに協力して行くと、こういうことを私は望みたいのであります。で、血を流して、そしてその上で「貧富の別」をなくしてゆくというような、そういうことは出来るだけわれわれは避けたい。平和というようなことが念願されるのも、そのためであります。喧嘩して、後で平和になるというのでなしに、始めから平和の心でもって、出来るだけ喧嘩をせずに、血を見ずに、「貧富の別」が事実上少なくなるようにして行かなければならないと、そういうふうに私は考えているのであります。まあ、そういう意味で、この「貧富の別なく」ということを申すのであります。で、この『人類の誓い』を発表いたしました時に、「貧富の別なく」ということは、これはそのままでいいのかというような疑問を抱かれた人もあったのでありますが、むしろ、現状の「貧富の別」を超えて、そしてお互いに愛し合うという意味で、つまり、愛の心をもってその「貧富の別」をなくして行くというような、そういう意味でこの言葉を使いたいと、そういうつもりであったのであります。もっとも、考え方によりましては、そういう生ぬるいことでは、とうてい「貧富の別」は決して無くなっては行かない、どうしても闘争しなければならないというような、そういう考え方もあるかも知れませんが、しかし、私どもとしてはどうしてもそういう闘争によってというよりは、むしろ愛によって「貧富の別」をなくして行くということが出来ないことではないと思うのであります。それが不可能なことであるとは、どうしても考えられないのであります。私どもはむしろこの方法を選びたいというふうに考える。そしてこういうふうにして行かなければならないという、そういう心持ちを常に持っているのであります。金持ちは憎らしいというそういう心持ちは、私の気持ちには合わないのであります。また貧乏人は憎らしいというそういうことが私の気持ちでないことは勿論でありまして、われわれが正しい幸福な在り方になってゆくということのためには、愛というものによって、そういうふうになってゆきたい。闘争によってそういうふうになってゆくということは、これはさけたいというふうに思っているのであります。で、「人種国家貧富の別なく」ということは、われわれの悲願をなしとげて、「真実にして幸福なる世界を建設する」ために、現状のいろいろの差別というものを超越していくという、そういうことにしたいと、こういう念願の表現なのであります。

つぎに、「みな同胞として手をとりあい」ということでありますが、この「みな」ということは、これは今まで申しましたように、「人種国家貧富の別なく」、人類がすべて隔てなく、といいます場合のその「みな」であります。だからして、「みな」ということは、ここで人類全体ということになってくるわけであります。また、「みな同胞として手をとりあい」というときのこの「同胞」ということも、普通はこれは血族的な親族関係において成り立つことでありますが、しかし、ここで申しますす「同胞」というものは、勿論そういう血族とか民族とかいうような、そういうものを超えた意味のものでありまして、それは人種も国家も超えたような意味での「同胞」であるのであります。つまり、すべての人が人類という立場に立って、そして、お互いに人間であるというそういう処において、私は「同胞」ということをいいたいのであります。それですから、全人類が「同胞」として親しみを持ち、愛の心をもって手をとりあい協力すると、そういう意味に解したいと思うのであります。

しかし、ここでその「手をとりあい」という場でありますが、この場というものには広さと深さというものがあるのでありまして、手をとりあう場というものは、そういう点で立体的なものになって、平面的ではないのであります。この場というものは、「人種国家貧富の別」のない場であります。で、そういう点から申しますというと、これは人類全体という広さの場でありまして、しかもこの人類全体の場ということは、これは同時に歴史的な意味での人類全体という場になってくるのであります。現在の人類全体ということでなしに、未来の人類社会というものをすべて含めまして、そこにその広がりの場ということになってくるわけであります。しかも、以前からも申してきておりますように、歴史というものが、完全な歴史というものでありますためには、それは現実面と超現実面というものを両方含まなければならないというようなふうに、私は考えているのでありまして、この手をとりあう場というものにも、やはりそういう深さの場がなければならないのであります。現実面において手をとりあうということだけでは、これはいけないのであります。

なお、この現実面においての場というものにも、いろいろな場というものが考えられなければならないと思います。それにはたとえば、感覚的、感性的な場というものもあるわけでありますし、また叡知的な場というものもあるわけであります。われわれが本能というようなもので結びついてゆくというようなことも、これは人間にはそういう面というものもあるわけでありますが、しかし本能だけで結びついてゆく、本能の場でもって結びついてゆくということは、これは人間の人間らしさというものが欠けてくる、なくなってくることでありますからして、そこにどうしても感性の場ではない叡知の場というものの重要性があるのであります。叡知の場において人間がお互いに結びつくということが、これが人間の人間らしい場であります。人類全体でありましても、それが感性の場において手をとりあってゆくということよりは、叡知の場において手をとりあってゆくと、こういうことになるのが人間の人間らしい在り方であります。そして、この叡知の場で手をとりあうということの上に、その中にこの感覚の場で手をとりあうというようなことが含まれてこなければならない、と私は考えます。もし感性の場によって叡知の場が規定されてくるということになったならば、これは人間の破壊転落になってしまう。もしそうなったならば、この「真実にして幸福なる世界」の建設ということにはなってゆかないのであります。どうしても、感性が叡知によって規定されてゆくということになってゆかなければならない、と私は思う。だからして私は、われわれの手をとりあう場というものは感性の場ではなくして、叡知の場というものでなければならない、というふうに考える。

それからまたここに、その叡知の場というものだけによっては尽くせない深い場というものがあるのでありまして、その深い場というものは、この叡知をも超えた場というものになってくるのであります。で、これはいわば超越的な場というようなものになってくるわけであります。人間が自分自身を個の根柢に掘りさげれば掘り下げるほど、単なる叡知の場というものにとどまることは出来ないのでありまして、叡知を超えた場というものが要求されてくるのであります。私どもはそういう場に立たざるを得ないことになってくるわけでありまして、そういう処にもう一つ叡知よりも深い場というものがあるのであります。それをどういう言葉で言い表わしてもいいのでありますからして、それを宗教という言葉でよんでもいいのでありますが、しかし宗教には今までいろいろの宗教がありますので、宗教といえばどの宗教でもいいというものではないのであります。この叡知の場を超えた場というものを宗教といえばいってもいいのでありますが、それを必ずしも宗教といわなければならないことはないのでありますからして、私はこれを超越的な場というふうに言い表わしてもいいと思うのであります。昔から人間性の深みに徹した人というものは、みなこういうこの人間の超越的な深みというものを人間として欠くべからざるものであるというようなふうに考えて来ているのでありまして、先哲というものはみなそういうふうに考えてきているわけであります。今日でももし本当に人間らしい省察をいたしますならば、これを閑却することは出来ないわけでありますからして、どうしても人間らしいものはそういう超越的な場の上に立たなければならないのであります。そして、叡知の場も、感性の場も、その上に成り立つということで、初めて人間の深みを尽くすことが出来るのであります。しかし、決して私はそういう叡知の場とか、感性の場というものを撥無するとか、あるのをないがしろにするというのではないのでありまして、叡知も感性も人間としてはなければなりませんし、また事実上これは取り去ることの出来ないものでありますが、一体そういうものがどこにその根據、その在るべき根據をもって、はじめてそういうものが人間らしい在り方になってくるか、感性というものが人間らしい感性の在り方になり、叡知というものが人間らしい叡知の在り方になるか、ということを問題にしたいのであります。そして、そういうことにならないならば、それは人間性の深い省察の上に出来たものとはいえないのであります。だからして単なる感性の場にとどまるということではいけないのは勿論、叡知の場にとどまるということでも人間の深みを尽くしたものとはいえないのでありまして、必ずそこに人間というものの欠陥というものを露呈してくることにならざるを得ないのであります。だからして、どうしても私は人間が手をとりあう最後的な場というものは超越的な場でなければならない、というふうに考える。ちょうど、クリスト教などに例をとってみますならば、手をとりあうということは隣人愛ということになってくるだろうと思いますが、クリスト教においては神の愛によって結びついた人間、つまりこのような意味での超越的な場の上に成り立つ人間が隣人ということになって、ここにおいてすべてが平等になってくる、つまり神の前においてはすべてが平等である、ということになってくるのであります。しかも、その平等であるということにおいてお互いに結びつくということ、そういう処に一切の差別を超えた結びつきというものがあるのである。ここにおいては無論人種とか国家とか貧富とかいうような一切の差別が超えられて結合している。神の前においては人類というものは隣人である、神の愛によって結びついた隣人である、しかもそれが愛によって結びあい、愛によって貫かれたものであると、こういうことになってくるのであります。しかし、クリスト教におきましてはそういう超越というものが、なるほど超越ではありますが、神の前においてというようなふうに、神というものが一段高い処にある、いわば外に特別に神というものがある超越であって、そういう超越的な神によって私どもが愛せられているということになっているのであります。クリスト教では、神というものは上から私どもを愛するものであって、隣人というものはそういう上からの愛によって相互に結びつくということでありますが、しかしながら、そういうクリスト教の神というものが、これが内在的になって、そしてすべての人がもうその内に超越的なものをもってきて、そしてその超越的なものですべての人が結びついている、すべての人の内にそういう超越というものがあって、その超越によってすべての人が結びついているというのが、これが私どもの本当の在り方であるのであります。そこに、「同胞」というものが、それ以上のものを含まない本当の「同胞」というものになるのであります。そして、そういうものにして初めて深い意味の「同胞」というものになる。私は、そういうものが真のヒューマニティである、普通のヒューマニティというものはまだ徹し切らない途中のものである、というふうに考えているのであります。で、そういうすべての人が平等にもっている超越というもので、すべての人が結びついているという処に、絶対的な「同胞」というものをみていきたい、と私は思う。これは一方からいいますと、その結びつきの場というものは、すべての人が人格において結びついてゆく場、つまりペルゾーンというものにおいて結びついてゆく場ということになるのでありますが、無論この場合のペルゾーンというものは普通のペルゾーンでなしに、そのペルゾーンというものが超越的なペルゾーンということになってくるのであります。勿論、そこにお互いに人格を尊敬しあうということも出来て参りますし、またお互いに人格を尊敬するということにおいて、私どもは人格的に平等であるのでありますが、しかし、普通の人格主義的な意味を超えて、例えば人権というようなものをとってみましても、それは普通の人権というようなものではなしに、もっと深いものになってくるのであります。いわゆる、人権の尊重というようなことでありましても、そういう超越的なペルゾーンとか、あるいは超越的なヒューマニティというようなものの尊厳性ということになってこぬことには本当のものでないと、こういうふうに私は考える。で、そういう意味においてですね、広さとしては人類全体、また深さとしてはそういう超越的なヒューマニティ、こういう処にその「同胞」という言葉の最後的な根據というものを見いだしてゆきたい、と私は思う。そこまでゆかなければ、とうてい本当に「同胞」というようなことはいえないと、そういうふうに私は考える。ですからこの最後的な根據の上にずっと段階的にこちらへといいますか、表の方へそれぞれの階層といいますか、段階といいますか、そういうものが出来てくると、こういうふうに私は考えたい。しかし、前述の一番最後の処は、これは倫理でなしに、やはりむしろ愛である。愛というものは、仏教ではクリスト教のように上から下へというのではなしに、お互いに平等に結びつくのであります。お互いに人格を尊重して愛しあい、他を愛するのは自を愛するのであり、自を愛するのは他を愛するのである、というようなふうに自他の別のない愛というものになるのであります。ところが、倫理というものではそういうふうにはどうしてもなって来ない、善いものはどこまでも伸ばしますが、悪いものはどこまでも排斥してゆく、善人はそれを是としてゆく、ジャスティファイしてゆくが、悪人はそれを憎み排斥するということになります。しかしながら、私はもう一つそこに悪人をも愛する、悪人を軽蔑しないで慈しむということでなければならない、と思うのであります。これは倫理の世界ではどうしても成り立たないものである。しかしまたそれが、その中に倫理というものを含まないものであってはならないのであります。愛の上に立つ倫理というものでなければならないのであります。その点、どの宗教も善悪を超えるということを申しているのであります。罪人をも包み宥すということがいわれますが、それはそういう人間性の本当の深さからの抱擁、他を自分とする人間性の深みから来る抱擁をいうのであります。善人よりも悪人が可愛いという心情というものは、これはどうしても道徳というものからは出てこないものである。そういう処に、クリスト教における愛とか、仏教における慈悲とかいうものが、そこでつながる根柢というものがある。

平和というものは、闘って後に来るものでなしに、闘争の前にあるものである。愛というものは、憎んで後にというものではなしに、どこまでも先でなければならない。こういうことを申しますのは、実は「私たちはよくおちついて本当の自己にめざめ、あわれみ深いこころをもった人間となり」という処にこれがつながって来るからでありまして、これは非常に大事なことになるのであります。「同胞」ということもそこにつながる、人間が真実の在り方になって、あわれみ深い心をもつということにつながるのであります。それがこの「同胞として手をとりあい」ということには、大事な条件になってくるのであります。そういうふうに手をとりあって、人間性をつくるのは、やはり『人類の誓い』の第一条というものがなかったならば、とうていそれは出来ないことであると、こういうふうに私は考えているのであります。まだいろいろと詳しい、細かいこともありますが、大体この項目につきましては、このくらいのところで一応終わっておきたいと思います。

(7)　誓って人類解放の悲願をなしとげ

一

今日は『人類の誓い』の中の「人類解放の悲願をなしとげ」という項目につきまして、私の考えを申しあげることになっておりますが、この「人類解放の悲願をなしとげ」ということと、それからその次の「真実にして幸福なる世界を建設しましょう」ということとは、これは『人類の誓い』のなされます目的、対象ということになるわけであります。それで、これはその前の項目の「人種国家貧富の別なく、みな同胞として手をとりあって」いたします仕事の内容ということになって参るわけであります。で、これはどうしても『人類の誓い』といたしましては、はっきりとかかげられなければならないことがらでありまして、これをはっきりしておくということは、この『人類の誓い』が実践されます上におきまして、非常に重要なことになってくるわけであります。『人類の誓い』のはじめ二行目の「あわれみ深い心をもった人間となる」ということの実質が、この「人類解放の悲願をなしとげる」ということによって、みたされてくることになるわけでありまして、それでこれは、以前から申し上げておりますように、「あわれみ深い心」というものが実際にあらわれていきます上におきまして、その実質的な内容を構成していくものということになって参るわけであります。

この「人類解放の悲願をなしとげ」という事柄につきましては、常々申し述べて参りましたように、これはつまり広さの面と、それから深さの面との両方を含んでいるわけであります。まあ、ここで広さの面といいますのは、これはしばしば申し上げましたように、私どもの生活の上での現実面のことでありますけれども、これに対して深さの面といいますものは、一応この超現実面というものになって来るわけであります。で、この「解放」、「人類解放」ということも、この両面における「解放」を意味することになるわけでありまして、これ以前の項目に「個人や社会の悩み」のみなもとを探るということがありますが、そこへも当然連関してゆくわけであります。「解放」ということは、これは人類の持っております現実的な悩みというものと、それから超現実的な悩みというものと、この二つの悩みから「解放」するということになるわけであります。で、ここには「個人や社会の悩み」という場合にも申し上げましたように、個人的な悩みというものにおきましても、現実的な悩みと、超現実的な悩みというものがあるわけでありますが、社会的な悩みとしましても、社会というものにはその両方の悩みがあるわけであります。普通、宗教というものは個人的なもの、あるいは私的なものだといわれますが、しかし私の考えとしましては、これは決して単に私的なことではないのでありまして、たとえ個人的な悩みの場合にいたしましても、その個人的ということは、決して単に主観的であるとか、私的であるとかいうことにならないで、むしろ人間というものであります以上、誰でもこれは客観的に持つはずの悩みということになっておるのであります。だから宗教で問題にいたします超現実的な悩みというようなものも、単に私的な主観的の悩みということにはならないわけであります。そこで個人の悩みと申しましても、その個人の悩みというものは、人間すべてに通ずるような、そういう普遍的な悩みということになっているのであります。まあそういう意味で、個人の悩みを解放するということは同時にまた社会の悩みというものを解放するると、こういうことになっておりまして、「人類の解放」ということはそういう二つの面を含んでいなければならないということになるわけであります。それでこの「人類」という言葉も、これは数の上、量の上で、人間のすべてということだけではないのであります。量に対して質と申しますか、まあこの質の上のこともその中に含まれておらなければならないのであります。また、「人類」と申しますというと、これは現在のすべての人間ということだけではなしに、未来にあらわれてくる人間というものも無論その中に含んでいるわけでありまして、そういう点で、これは歴史における人類といってもいいと思うのでありますが、そういう歴史的人類ということが、この場合の「人類」ということになってくるのであります。無論その中には個人つまり社会の一員としての銘々の個人というものを含むことになるわけでありますが、しかしここで私はまずどうしてもその『人類の誓い』という言葉がいい表わしておりますように、その立場をですね、私としては「人類」という立場に置くということになって、ただ単に個人の立場とか、あるいは特定の社会の立場とか、或る一定の国家、民族の立場であるとか、或る一定のいわば国家群の立場とか、そういう或る特定な個人もしくは共同体というものの立場に立ち、それを最後的な立場とするのではないのであります。それで、この「人類」全体というものを立場とするということが、重要なことになってくるのでありまして、どうしても私はそこに立たなければならない。この「人類」の立場の上に立って、そして個別的な共同体とかあるいは個人というものが、その上においてそれぞれの個別性というものを持っていく。そういうことになるのでありますからして、それでこの「人類解放」ということの第一義的なものというものは、やはりこの国家社会というものを超えた「人類」というものの「解放」ということを目指すことでなければならない、と思うのであります。そうでありませんというと、そこに個人にしましても、あるいは個別的な共同体というようなものにしましても、そういうものの最後的な統一というものを失ってくるわけでありまして、そこにいろいろな分裂というようなものが現われて参るのであります。つまり、全体の上に立って部分をみていかないで、部分というものだけが、それが何か最後的なものとされるというようなことになりますというと、そこにいろいろな欠陥というようなものが出来てくるわけでありますからして、それでどうしてもわれわれは「人類」という立場に立つということが将来非常に大事なことになってくるわけであります。私は、今まではそういう人類全体という立場というものがはっきりと出来ていなかったように思うのでありますが、これが出来るということが、これから人間というものにとっては非常に重要なことになってくるのであります。私どもすべてが実はそこに立たざるを得ないようなことになってくるのではないか、現在もそういう方向に歴史というものが向かいつつあるのではないか、というようなふうに考えられるのであります。これはただ歴史的必然というようなことで好むと好まざるとにかかわらず、そういう方向に向かってゆくというのでなしに、どうしても人間の理想として、人間の従来の世界、あるいは過去の歴史に対する批判としても、そういう立場というものが価値的にとられなければならないものである、と思うのであります。私は、一日も早くそういう立場というものにすべての人間というものが立たなければならない、そして機構といたしましても、世界の組織というものにいたしましても、そういう立場に立った政治組織というものが出来て来なければならない、というようなふうに考えているのであります。しかし、これはまた一面全体のために個別性というものを無視してしまう、それを犠牲にしてしまうということを意味するものではないのでありまして、全体というものを忘れてしまって個というものに立て籠もるということは、それがたとえいい意味の個人主義にしましても、そういうものが本当の最後的な立場ではないのと同じようにですね、また、全体というもの、人類全体というものだけに、そこに偏って立ってしまうということも、これはまた本当の立場ではないのでありますからして、そこはやはり個というものと全体というものとが生かされていくような立場にならなければならないということは、これは私は当然なことであると思うのであります。しかしまあ、歴史の今日までの情勢からいいましても、この人類全体のところに立つという、こういう立場というものがこれまでなかったと私はいってもいいと思うのでありますす。そして、そのなかったということが、これまでの人類の歴史というものを偽りのもの、また不幸なものにして来たということも、これは非常に大きいと思うのであります。ですからして今日としてはどうしても、その個の立場——ここで個の立場というものは個人の立場というものだけではなしに、先ほども申しましたような、そういう個別的な共同体の立場というものをも含むのでありますが——そういう個の立場ではなしに、人類全体という立場に立つ、そういう自覚というものを私どもとしては是非とも持たなければならない。これも、それを全人類が持ってくるのでなければならない。そういう立場に立つことによって、それによって除かれる虚偽の世界、あるいは不幸の世界というものが非常に沢山ある、と思われるのでありますからして、何でも一遍人類が全人類の立場に立つ、そういう自覚を持つということが大事であるのであります。しかしまたそれがために、先にいいましたように個人の立場というものが全くなくなってしまって、単なる全体主義というものに堕してしまうということは、これはまた警戒されなければならないわけでありますからして、そこに全人類の立場を根柢にもった真の民主主義というものが成り立たなければならないのであります。この点を原理的にあやまりますというと、個と全との一如的な把握ということにおいて実際に過誤が生じて来るわけである。歴史的に或る時期には個別性が強調されなければならない場合もあり、或る時期にはまた全体が強調されなければならない場合もあって、それはその時期によりまして、当面のこととしてはどちらかが強調されるということはなされなければならないと思うのでありますが、しかしながらそういう場合に常にですね、その原理というものが失われるということは、これは最も警戒すべきである。ですからそこに、どちらかが強調される場合には、お互いに常々片方がブレーキになっていかなければならない。個別が強調される場合には、全体がブレーキになり、また全体が強調される場合には個別がブレーキになるということが、技術的にも私は非常に大事なことではないかと思うのであります。で、原理としましては、どうしてもこの個というものと全というものとが一つになっていくということ、それが原理でなければならない。で、今までは国家というものがどうしてもなくてはならないものと考えられた。つまり、個というものとそしてまあ国家と、それから人類というようなふうに考えられておりまして、しかも往々その中で国家というものが一番最後的なものとして考えられて参りました。理論的には必ずしもそういうことでなくても、事実上はそういうことになっておりまして、国家至上主義ということになって来ているのであります。しかも、現在でもそういうことになっている。また現在の政治家の大多数というものは、そういう国家至上主義者である、と思うのでありますが、しかしこれまでのような国家至上主義というものは、私はもう今日は取り去られなければならない、人類が「真実にして幸福な世界」を建設するためにそれが非常にさまたげになっている、と思うのであります。で、今までの国家至上主義の立場から人類の立場に死んで、また甦って来るということ、国家というものが人類的に一遍死んで新しい差別として甦って来るということがなされなければならないのであります。死ぬということは、これは何もかも灰にしてしまうということではないのであって、これはやはり転換とか脱皮とかいうものになるのであります。これはいわば国家の転換、その主体性の転換ということになってくる。国家が主体であったのが、個人というものを抹殺しないで、人類というものに転換する、ということでなければならない。そしてまたそういう処に国家利己主義というものも解決されてくるのであります。ところが今日は国家利己主義が禍いしている、あるいは民族利己主義が禍いしていると、こういうふうに考えられますが、それを一遍人類平等の立場に転換すること、これが望ましいことであります。またそういうふうにしてゆかなければならないと考えられるのでありますす。しかし、私は国家というものをただ単に否定するというふうの考えではないのでありまして、ただ利己的な国家至上主義的な国家というものの転換ということを要求する、ということになって参ったわけであります。

まあそういうようなことで、この「人類解放」ということも、現在のような国家の中にとじこめられた処からしてそれを「解放」するということになりますが、それは当面のこととして私は大事なことになると思う。単に国家というもの、あるいはまた単に国民というようなそういうものの束縛を脱するということ、それは人類の立場に結局は立つということになってくるわけでありますので、それでそれはそういう意味で人類を「解放」するということになってくるわけであります。いろいろの小さい殻の中に――これは世間的にでありますが、世間的にそういう団体だとか、民族だとかいうようなことで個別的な殻の中に――とじこめられているわれわれというものを、それを一つ人類という広い空へ「解放」するという、こういうことを私は強調したいと思うのであります。

それからまたそういうことと別個な事柄といわれますけれども、やはりこれは内容的な、つまり人間生活というものの内容的な方面になってくると思うのでありますが、いろいろな現実的な生活上の要求というものがみたされないという悩みが、衣食住の面とかあるいはまた文化面におけるわれわれの現実的な生活上の要求というものがみたされないという悩みが解決されてゆくということ、満たさるべきものがみたされてゆくというそういう現実的要求の充足ということが、一つの「解放」、「人類解放」ということになって来るわけでありまして、それとともにその超現実面の「解放」ということが、同時に問題となって参るのであります。そして、この「人類解放」の超現実面というものが実はやはりこの現実面における「人類解放」というものの普遍的な基盤というものになって来なくてはならないのでありますからして、ただ現実の立場というのでなしに現実というものを超えた立場に立って、そして現実というものがそれぞれの意義とか、あるいは価値というものを見いだしてゆく、その上に個別的な価値というものが立てられてゆくと、こういうことに私はならなければならないと思うのであります。それで現実的な解放ということと超現実的な「解放」ということとは、決して単に別個な二つのことではなしに、それは密接な関係、内面的な関係をもった同一の「解放」のそれは二つの面である、こういうふうに私は考える。したがって、現実面の「解放」だけでは現実面というものも本当の「解放」にならない。また超現実面の「解放」というものだけでは、これは本当の超現実面の「解放」というものにもならない。それでちょうど一方からいいますと、超現実面の「解放」というものが形相的なものになってゆきますというと、他方、現実面の「解放」というものは質料的なものになってゆくのであります。で、ちょうどカントのいいましたようなああいう都合のいい言葉を使いますならば、現実面の「解放」というものだけでありますと、それは「盲目」といわなければなりませんし、超現実面の「解放」というものだけであると、これは「空虚」であるといわなければならない。こういうことが私はいえると思う。それですからして、その両方があって初めて「人類解放」という意味が完成する。充足した意味での「人類解放」ということになってゆくわけであります。で、普通の今日の歴史というものがどうしてもその現実面だけで動いていっているというような傾向、政治にいたしましても、また文化というものにいたしましても、超現実面というものが閑却され撥無されるということになってきて、そして宗教というものさえも、超現実面を失って単なる現実面だけになってゆくという傾向、こういう傾向が今日は一般的な傾向であるのでありますが、これはわれわれとしては非常に警戒しなければならないことである。それは人類というものを「盲目」にしてゆくものである。しかしまた昔の宗教の盛んであった時代のように、現実の世界から全く遊離してしまって、宗教の世界はこの歴史の世界以外の処にあるとするような考えも、これはもはやわれわれとしては用のない考えである。それはいわばその内容を「空虚」にするものといわなければならない。そういう点でどうしてもこの「人類解放」ということは、これは勿論歴史的な時間空間の上でなされなければならないことでありますが、しかしながらその歴史というものが普通いう現実の歴史というものだけで尽くせないものがあるのであります。一面からいいますというと、歴史の否定ということがその中に含まれなければならないことになっていくわけでありますが、以前に「歴史の進むべき正しい方向をみきわめ」という項で申し上げてみましたように、私は必ずしもこの超現実面というものを、従来の既成宗教の考えているような超現実面というものと同一に考えるというのではないのであります。ですから、その点はもし宗教という同じ言葉を使うにしましても、特別な意味をもったものとして、この同じ言葉が区別して使われなければならないのであります。

それで私、いまここでもう一つ申し上げておきたいことは、私の考えは、私どもが人類全体という立場に立ったならば、それだけで平和というものになる、世界の永久の平和というものが得られる、人類全体の立場に立ったということだけでこれですべての問題が解決される、とこういうようなそうした偏した考えではないのである。そういう立場に立つことによって、なお解決されないものがあるのであります。勿論そういう立場に立つことによって、従来の歴史の解決し得なかったものが解決されるということはあるのでありますが、しかし、そういうことだけで人類の平和というものが完成するというようなことは、とうてい考えられないことであります。いうまでもなく、そういう立場に立つことによって人間の心情が大きく左右されるということは無論のことであります。しかし、心情の問題は機構の前に考えられなければならないことでありまして、たとえ機構が完備しましても、心情が伴わなければいくらでもそれをくぐることになってくる。法律というものがいくら制度的に完備しましても、それをくぐる悪い心というものが出てくるならば、それだけで事は解決してゆかない。それで、人間の心情というものは、どうしてもそれが先に働かなければならないのであって、その心情からして機構も造られていかなければならないと、こういうふうに考えられるのであります。それは無論のことでありますが、しかし、それと別にですね、いろいろの問題、一例を挙げれば労資の問題というようなことにいたしましても、これはただ単にわれわれが「人類」の立場に立ったということだけでは解決出来ない問題である。そのことのみによってそれは解決される問題ではないのでありますからして、それが解決される具体的な方法というものが考えられていかなければならないということは、それは無論のことである、と私は思うのであります。

まあ以上のようなことで、この「人類解放」ということにつきまして私の考えておりますことを、あらましお話し申し上げることが出来たと思うのでありますが、その「解放」の「悲願」ということが、ここでもう一つ考えられなければなりません。一体この「悲願」ということが、どういう意味のことであるのか、それはおそらく皆様もお察しして頂いていることと思いますが、しかし、そのことについてまあ私の考えを少し次回にお話し申してみたいと思うのであります。

二

今日は『人類の誓い』の中の「誓って人類解放の悲願をなしとげ」という一段、特に「悲願」ということについて私の考えを申し上げてみることにいたします。

この「悲願」という言葉は元来は仏教の術語でありますけれども、今日はほとんど通俗化し一般化しておりまして、特に仏教の術語というようなことではなくなって来ておりますので、それでこの『人類の誓い』の中にも使ったわけであります。しかし私どもが使っておりますこの「悲願」という言葉に持たせております意味内容は、あるいは一般に使っております言葉の内容と少し違っている点があると思うのであります。普通は悲願と申しますというと、やっぱり悲という字にはかなしいという意味がありますからして、何か願いでも、その願いの実現が切実に要求されているにかかわらず、それがなしとげられないというような、そういう絶望的な空しい願いという意味に使われて、この言葉が何か非常にロマンチックな感じを起こさせるのでありますが、しかしこの『人類の誓い』の中に使ってあります「悲願」という言葉は、決してそういう意味ではないのであります。悲という言葉にはかなしいというような感情的な意味は、そこにはほとんどないと言ってもいいのであります。それどころか、むしろこの「悲願」という言葉は非常に積極的で力強い行為的な意味を持っているのであります。ちょうど仏教の方で慈悲ということを申します場合の悲に当たるわけでありますが、慈悲という言葉は仏教の方では普通は抜苦与楽というような意味に使われておりまして、そこには単に悲しいというような感情的な意味は全くないのであります。そこには、苦しみを抜くというような、そういう非常に行為的なアクティーフな意味があり、さらに積極的に楽を与えるという意味があるのであります。しかも、この慈悲という言葉は倦まず屈せず無限にその願いを成就してゆくという、いわば時間的でなくしてむしろこれは永遠の力というようなものを、その中に含ましてある言葉になっているのであります。

　私は『人類の誓い』における「悲願」というものは、そういう意味のものであるというふうに解しているのでありますが、しかもこの「悲願」の主体というものが、そういう「悲願」を可能ならしめるようなものになっているのでありまして、それは「本当の自己」というものの性格に基づいたものであります。どうしても真実の自己にめざめた主体であるということが、これがその「悲願」の主体であり得る条件になって来るのでありまして、そこにこの「悲願」というものと、「あわれみ深い心」というものとが、密接な関係を持っているわけであります。「あわれみ深い心」というものが「本当の自己にめざめ」たものの働きであると同じように、この「悲願」ということは「本当の自己にめざめ」た人間というものにして、はじめて真実の意味で成り立ち得るのであります。したがってこの「悲願」というものは、いわば単に現実的な人間というものでは、それを完全になしとげることは出来ないような性格のものになっているわけであります。仏教などから申しますというと、これはつまり菩薩行というものに相当するのでありまして、浄土教などでは、つまり還相の行であり、禅などで申しますと、向下の行ということになり、華厳などでは、いわゆる起動門というようなものになって来るのだろうと思います。

　それで、この「悲願」というものは一つの宗教的な愛の働きということになって来るのでありますが、しかしこの場合に愛の働きというものは、神のみが持っている愛とは、つまりクリスト教の方の言葉などで言いますというと、アガペーというようなものとは、その性格が違っているわけでありまして、どこまでもこれは「本当の自己にめざめ」た人間の働きということになって、「悲願」というものが、神的とか仏的とかいうような他者的な対象的なもののみが持っているような悲願ということにはならないのであります。「仏心とは慈悲心これなり」というような場合でも、その慈悲というものが彼方からこちらへというだけで、こちらはどこまでもパッシーフなものに止まるような、そういう性質の悲願ではないのであります。「悲願」というものは、どこまでも私たち自身が自己および他に対して働きかけるような、そういう能動的なものでなければなりません。「悲願」の主体は他者的な神というようなものでなくして、どこまでもわれわれ自身がその主体であって、しかもそれが絶対的なものという意味を持っているのであります。したがって、その「悲願」の目的であります「人類解放」ということも、何か他者的な対象的な神とか仏とかいうものが人類を解放してくれるというようなことでは決してないのでありまして、どこまでもこの「人類解放」ということには、われわれがその主体になってゆくということになるのであります。

しかし、ここでちょっと念のために申しておかなくてはなりませんことは、この悲願の主体というものは、「本当の自己にめざめ」たものであるのでありますが、しかしですね、未だ本当の自己にめざめておらないといったような場合の解放というものは、これは自分が自分自身に向かってそれがなされるというような意味をもその中に含んでくるのであります。「人類解放」ということの中には、他人を解放すると同時に自己を解放するというような意味が当然この中に含まれているわけでありまして、これは以前にも申しましたように、自利利他ということにならなければならないのであります。それで「人類解放の悲願」ということは、そこに解放さるべきものがある限り、これは永遠につづかなくてはならないようなものになってゆくわけであります。そこには「悲願」はいわば時間を超え空間を超えたような性格を持って参りまして、歴史のある限りと申しますか、あるいはそういう解放を必要とするものがある限り、それは続かなくてはならない。われわれは辛抱強く、あるいはねばり強く、倦くことなくそれを継続してゆく、単にそれが一時的な興奮であったり、直ぐにやめてしまうとか倦いてしまうとかいうようなものであってはならないのであって、そういう点から申しますというと、これはちょうど「四弘誓願」にあります衆生無辺誓願度といったようなああいう大誓願というものになってくるわけであります。仏教の方では大悲無倦というような言葉がありますが、これは「悲願」の性格というものをよく言い表わしているのであります。

しかしですね、その場合にこういうことを一つ申し上げておかなければなりませんが、大悲が無限に働くということは、決してこれは普通の理想主義的な意味で言うのではないのであります。無限に働いて行って目的を達するということになりますと、理想主義的なことになりますが、そこは先ほども申しましたようにですね、「本当の自己にめざめ」た主体の働きでありますからして、つまりその目的というものは前方にあるのでなしに、すでにこちらにおいて成就されたものであって、そこから出発しているのであります。無限の彼方に救われるというのではなくて、「本当の自己にめざめ」るというところに、そこに救われたものが現成しているわけであります。そういう点から申しますというと、すべての宗教におきまして、仏教でもクリスト教でも、慈悲とか愛とかいうものはそれが彼方にある目的というようなものではなくして、こちらに現成したものが働いてゆくというようなことになっておりまして、理想主義的なものにはならないのであります。そこに悲願という行の、宗教的といえば宗教的であるような意味が成り立って来るわけであります。クリスト教でもアガペーということからいえば、それが神の愛というものになる点において、これはつまり目的が現成したものから出発しているわけであります。クリスト教ではそれがただ、神のみというようなことになっておりますが、私はそれが決して神のみではなくして、実は人間というものは、そういうものでなければなりませんし、そういうものであるのだということを強調したいのであります。

(8) 真実にして幸福なる世界を建設しましょう

それでは、『人類の誓い』の最後の「真実にして幸福なる世界を建設しましょう」という一段につきまして、私の考えておりますところを申し上げてみることにいたします。この一条は、大体『人類の誓い』の目的を示すものになるわけでありまして、「私たちはよくおちついて、本当の自己にめざめ、あわれみ深いこころをもった人間となり」という、そういうことになってそれからどうするのか、その目的というものがこの「真実にして幸福なる世界を建設する」ということになるわけでありますこれに対してそれ以前の「真実にして幸福なる世界を建設」いたしますにつきましての過程と申しますか、どういうふうにしてこの「幸福なる世界」を建設するかという過程が、それが「各自の使命に従って」というところから「人類解放の悲願をなしとげる」というところまでに説かれていることになっているわけであります。それでありますからして、この「真実にして幸福なる世界」というものが、どういう意味のものであるかということは、『人類の誓い』といたしまして非常に大事なことになるのであります。

で、この一条は、「世界」の建設ということに眼目が置かれているわけでありまして、此処でいう「世界」がどういう世界であるかという問題が考えられなければならない重大な問題になってくるのでありますが、この「世界」というものは、一つは人間というものの構造の上からして決められてこなくてはならないことになるわけであります。今までもお話し申してきたことによって大体お判り願っていると思うのでありますが、私の考えでは、現実というものと超現実というものとが密接に連関をもって、この人間の世界の構造というものができていると思うのであります。で、単なる現実というものだけでは、あるいは歴史というようなことから申しますというと、単なるこの歴史的世界というものだけでは、人間の世界というものは尽くされないのであって、どうしてもそこに超歴史的とか超現実的なものというものがなければならないのであります。また、往々宗教といわれておりますものの中にみられますように、ただ現実から離れた超現実界、超歴史界というようなふうのものだけでは、これはまた人間の世界というものを尽くすことはできないのであって、両方がどうしてもこれは含まれなくてはならない。これは人間というものの本質的な構造になっている、と私は思う。それでありますから、以前から申しておりますように、私は人間というものは縦と横とを具えた立体的な構造のものであると、そう考えておるのであります。それでこの人間の世界といったものを問題にいたします場合には、たとえ個人というものにおきましても、それが全体的人間、つまりダス・ガンツェ（das Ganze）としての人間ということから申しますというと、この両方の面を具えていなければならないと、それと同時に、そもそもこの人間世界というもの自身がそういう両面を具えたものでなければならないと、こういうふうに考えるのであります。ですから個人におきましても、どうしても現実的な、つまり世間的なところと、それから出世間的なところがなければならないのでありますが、それとともに社会におきましても、宗教というものが社会の一つの重要な現象要素として含まれており、そしてそれがまた現実というものと密接なつながりをもっているのであります。それでありますからして、この世間的、出世間的なものがあるということが、それが一つは世界というものの本当の在り方でなくてはならないのであります。で、世界というものがそういう規定になってくるわけでありますから、真実なる世界ということを申します場合にも、世界の根本構造の上での真実ということが、その真実という言葉の中には含まれていなければならないわけであります。片方を欠くような世界というものは真実な世界とはいえない、というような意味も其処に入ってくるわけでありますからして、それでわれわれはどうしてもその両方が満足されるような世界にしてゆかなければならないと、こういうことになる。そしてそういう世界になることによって、究極的に幸福な世界というものになってゆくということになるわけであります。それで、よくいわれておりますような考え方、つまり、現実面というものを完全に改革して行きさえすれば、それで超現実的な面における一切の問題は自然に解消されてしまうとか、あるいはまた逆に超越面というものだけが解決すれば、それで自然に現実面というものも解消されるというような、そういう考え方というものは、私は本当の考え方ではないと思う。それでありますからして、「真実にして幸福なる世界を建設して」ゆくという、その建設の目的というものにもですね、われわれは一つの根本的制約というものをもっているということになるわけであります。

ところで、今までは世界の深さということの上で申してきたのでありますが、今度はその世界というものが、私の考えとしましては、広がりの上で人類全体というものになって参らなければならないと思うのであります。現在の世界というようなものにおいては、世界というものが本当に人類世界というものになっていない。で、世界は例えば国家というようなものの寄せ集めの世界、国家と国家との間の内面的な必然的なつながりというようなものがないような、そういう世界というものになっているわけであります。そういう内面的なつながりに相当するものはですね、これはどうしてもこの人類全体の世界というものになってこなければ与えられないわけでありますからして、寄せ集めが世界をなしているというのではなしに、一つの世界というものにおいて、個々の国家なら国家、あるいは民族なら民族というようなものがそれぞれの処を得ているというような、そういう在り方になってこなければならないと思うのであります。寄せ木細工的なものではなしに、唯一の世界、唯一の人類世界ということになってこなくてはならない。「人種国家の別なく」というようなことを申しておりますのも、やっぱりそういう唯一の世界、不可分な世界というものが、そういうところにも言い表わされていることになっているわけであります。で、世界というものが一つの世界、つまり人類全体の世界ということになってこなければならないわけでありますからして、今日民主主義というようなことがいわれます場合に、人民というものが人民のために政治を行なうというようなそれの在り方がですね、これが今では何かやっぱり一つの民族とか、一つの国家の内のことになっていると思うのでありますが、それがこの人類全体による人類全体のための政治、つまり、世界政治というようなことになってこなくてはならない、と私は強く思うのであります。それで、民族とかあるいは国家とかいうようなものもですね、そういう世界政治の上に立った民族とか国家とかいうものになってこなければならないのであります。

「各自の使命に従ってそのもちまえを生かし」というようなことも、それはこの個人について以前には申していたのでありますが、民族とか国家とか団体とか集団とかというようなものにおきましても、それぞれが個別的なものであるという観点から申しますというと、人類全体の上に立ってそれぞれの「もちまえ」を生かしてくるということになってこなければならないのであります。そうなってはじめて世界というもの全体が統一されたものになって、個別的なものが全体の上においてその地位とか意味とかというものをもってくることになるのでありますが、今日はまだそこが最後的のものにまで徹底していない。或る限られたものの内においてそれがなされているということにはなるわけでありますけれども、人類全体の上においてそれがなされているということはないと考えられるのであります。いろいろな意味での交通の発達によって相互の距離というようなものもだんだん接近してきて、お互いに密接な連関というものができて参りますからして、昔とは違って、閉じられた個人とか、閉じられた団体、集団、社会あるいは国家とかいうようなものが次第に成り立たなくなってきている。それらが接触すればするほどそこに摩擦が起きてくるような仕方では、これはいけないのでありまして、其処に摩擦が起きてくるということは、お互いに連関をもったものが、最後的にはどうしても自分の立場というものに立て籠もるということになって、共通の広場というようなものを持たないというようなことになってくるからであります。其処のところはどうしても、唯一な世界というもの、人類全体というものが立場になって、そしてその上に個別的なものが成立してくるということになってこないと、いけないのではないかと私は考えるものであります。

で、歴史というようなものでも、或る国家の歴史というものが寄って世界の歴史が成立するというようなことではなしに、人類の歴史というものによって貫かれた全体的な歴史でなければならないのであります。勿論全体といいましても、これは単に静的なものではなくして、動的な、動いてゆく世界、つまり歴史的世界、人類全体の歴史的世界というような意味をもってこなければならないのは、いうまでもないことであります。

ところで、幸福ということでありますが、個人の幸福ということを考えてみましても、個人が幸福にならなければならないということは無論のことでありますけれども、その幸福がややもしますというと、自分が幸福でありさえすれば他の幸福は顧みないという、そういう主観的なものになって、客観性がないようなものになりがちであります。しかし個人の場合でも、やっぱりその幸福の客観性というものがなければならないのであります。カントなんかも幸福に価する生活というようなことを強調しているのでありますが、幸福であるべくして幸福であるという私どもの在り方、これがかなり強調されなければならないのではないか、と私は思う。これが強調されないというと、とにかく幸福になりさえすればそれでいいというような考え方になって、幸福に価する人が事実上幸福でなく、幸福に価しない人が幸福になる、というような社会正義にも反することになってくるわけでありますからして、人間は幸福にならなければならないと申しましても、その幸福というものの在り方にやっぱり客観性というものがなければならない。正しい幸福の在り方という、其処にそういう根本的制約がなければならないのであります。

その点から考えまして、やっぱり幸福というものが、「真実な」というような意味をもった幸福でなければならないということになってくるのであります。ただ「幸福なる世界」というものを建設するということだけでは、どうしても言葉が足りない。ですからして、「真実にして幸福なる世界を建設する」ということが念願されなければならない理由があるわけであります。で、この真実というものは、幸福というものが標準になった真実ということでなしに、倫理的要求というものに契ったという意味での真実でなければなりません。ですからややもしますというと、真実で倫理に契った生活ではあるが、非常に不幸であるということも、それはあるのであります。で、真実であるということが必ずしも幸福であるとは限らないというような場合もあるわけでありますからして、標準というものの建て方からいいますというと、幸福ということを標準にするか、あるいは真実ということを標準にするかという問題が残るわけでありますが、私は人間としてたとえ不幸になっても真実を求めるというのが、それが人間らしい生活というものでなければならない、と思うのであります。幸福でありさえすれば倫理に反してもかまわないというようなことは、これは人間性の放棄である。リゴリスティックな、たとえ不幸になっても真実に契い法則に契った生活をして行くというのが、これがむしろ人間らしい生活である。この点が私はかなり強調されなければならないのではないかと思う。しかし人間としては、真実に生きておりながらそれが不幸であるというようなことは、無論人間の理想ではありませんからして、そういう真実な世界がそれがまた幸福な世界でもあるというような、そういう意味の世界にして行かなければならないのであります。『人類の誓い』に、「真実にして」ということが先に出されているということも、以上のような意味からであります。幸福な世界になればいいという考え方は、そういう考え方でいいかどうか倫理学でもいろいろと検討されている考え方でありまして、幸福説というものが倫理説としては必ずしも正しい考え方とはいえないと思うのでありますが、しかしまた人間が正しくさえあれば幸福でなくてもいいという考えではいけないことは、これは無論のことであります。ですから、真実と幸福というものがぴったりと合った世界が望ましいということが、これが人間の本当の要求に違いないのであります。

それから次に、個人と人類とのかかわりについての問題ですが、これはまあ個と全というような問題になってくるわけであります。今までは普通個と全との関係は、個と人類全体というようなものとの関係ということにならないで、やっぱり個人と国家との関係というようなものが、それが個と全体というような関係になっていたのでありますが、しかしその国家という枠をもう一つはずして、どうしても人類全体という全が個人という個と直結するという在り方にならなければならないのであります。

しかし、それには事実上どうしてもその段階というものがあるだろうと私は思う。個人というものにおきましても、国家・民族の一員であるような個人の在り方と、国家・民族を超えた個人の在り方とがあります。また戦後、国家を超えた国際連合というようなものができてきたのでありますが、それがまた今日は二つに分かれているのでありますからして、国際連合でもそれが本当の国際連合になっていないで、そこに断層ができているのであります。ですから、それがもう一つ広められて、そこに今申しましたような断層がなくなってしまわないことには、それが世界全体の連合というものにはなってこないのであります。しかし、またたとえそういう世界全体の連合というものができましても、人類全体が本当に「一」であればよろしいが、そうでなしに国家というものが寄り集まって機械的に一つの世界を作っているというような在り方では、なお未だしということになるのであります。それはちょうど多角形と円との関係のようなものでありまして、人類全体が「一」であるためには、どうしても多角形の辺を無限に増して行くというだけではなしに、もう一つ飛躍することが必要なのであります、寄せた全体というものとは違ったものに飛躍することが必要なのであります。私の考えで申しますというと、寄せた全体というものでなしに、唯一のもの、つまり円に相当するものが本来なければならないのであります。そして、その上から個別的なものが出発して行く、また、其処からして新しい個別性、新しい差別ができて行くということにならなければならないのであります。

それが未だ今日の世界にはできていない。しかし、どうしてもそれができてこなければならない。其処まで行かんことには、絶対の平和というようなこともどうしても望まれない、と私は思う。そのためにはまず、各国の一国民という意味での個人が、人類全体の立場に立った世界人という意味での個人になり、その個人が唯一の全体というものに足場をもってくるという在り方になってこないといけないのであります。個人と申しましても、決して今日は閉じられた単なる個人というものはないのでありまして、何処かに世界全体の在り方が反映されているのであります。それがしかし、個人としてまことに不幸なことでありますが、統一して反映されていないで、分裂して反映されているのであります。その分裂した反映が統一した反映になってくるためには、どうしてもこの世界が人類全体という立場に立たなくてはならない、というふうに私は考えたいのであります。

FASについて

世界における日本の使命

私は昨年（昭和三二年）九月一日に羽田を発ち、アメリカ、ヨーロッパ、およびインド等を周り、約十ケ月振りに帰って来たわけでありますが、向こうを廻っております間も、こちらに帰って来ましてからも思いますことは、日本、あるいはもう一つ広く申して東洋は、世界において一体どういう使命を果たすべきかということであります。

それは世界の立場に立って日本、あるいは東洋の使命を考えるということでありますが、およそこの世界の立場、あるいは人類の立場に立つということは、決してそれぞれの国なり、民族なりの個性を無視することではなく、むしろ世界人類の立場に立って、おのおの自分たちがなさねばならぬことを、世界人類のために進んでなすということでなければならぬと思うのであります。

ところで道場と致しましても、そういう世界の立場に立って、一体何をなすべきかということを考えなければならないのでありますが、その場合にどうしても私どもは東洋の一国、日本に生まれ、日本の歴史を背負って来ているのでありますから、そういう個性を発揮して世界のためになって行くということでなければならないと思うのであります。その場合、どこに東洋なり、日本なりの個性を置いてゆくかということは重要な点であります。私は此の度の旅行以前にもそういうことに関しましして自分に考えをもっていたわけでありますし、また道場としましても論究なり実究なりを通して、その点につき一つの構想をもって来ていたわけでありますが、その考えや構想が、果たして世界的な意味をもちうるかどうかということを、私は多少、憂えていたのであります。これは実際に当たってみなければいけない。道場だけで考えていたのでもいけないし、また日本の内だけで考えていただけでもいけないと思っていたのであります。此の度、幸い欧米を周る機会が出来まして、いろいろな人にも接し、また風物にも接しまして、その間にあるいはこちらからぶつかって行き、また向こうからぶつかって来られまして、いわば世界の場において鍛えられました結果――むろんこれは短日月でありますから、あるいは非常に主観的なことになる恐れがないとも言えませんが、しかし日本でただ自分に考えていただけよりは、少なくとも叩かれたという点におきまして、実地に当たってきたと言えるかと思うのでありますが――私はその持っておりました構想が、これこそわれわれが東洋、あるいは日本として世界へ打ち出すことの出来るものであるという自信を固めた次第であります。

人間構造の三方向としてのFAS

それは人間構造の三つの方向の目標、あるいは最後の理想としてのF・A・Sということであります。ではF・A・Sとは何かと申しますと、Fとは Formless self すなわち形なき自己の頭文字であり、Aとは All mankind すなわち全人類の、Sとは Suprahistorical history すなわち歴史を超えた歴史の、それぞれ頭文字であります。道場におきましては、私の渡米前にパンフレット『無』を作りまして、その際 to awake to Formless self 形なき自己にめざめましょう、to stand on the standpoint of All mankind 全人類の立場に立ちましょう、to create Suprahistorical history 歴史を超えて歴史をつくりましょう、という三カ条を、道場の目標として、否、あらゆる人間の窮極の目標として、かかげたのであります。「形なき自己」とは無相の自己ということであり、従来禅において本来の面目とか、あるいは自心是仏と言われた場合の自心とかいうものをさすのであり、したがって「形なき自己にめざめる」とは禅がその根本とする本来の自性を覚するということにほかなりません。この形なき自己ということが人間の深さの問題を表わすとすれば、次の「全人類の立場」は人間の広さの次元にかかわるものであります。われわれ人間は単に己事究明に止まるべきではなく、同時に個人を越えた世界の立場に立つべきであり、それも特定の民族や、階級、国家等の立場ではなく、常に全人類の立場に立って人類全体のためにものを考え、事を処してゆかねばなりません。それが「全人類の立場に立ちましょう」というゆえんであります。しかし人間の問題にはなおこのほかに、長さの次元の問題とも言うべき、歴史の問題があります。全人類の立場に立って働くということは、単に個人を超えた世界の立場に立つということのみではなく、同時に歴史の場におどり出て歴史を形成し創造するということであります。しかも道場においては形なき自己にめざめた真に自由なる立場より全人類のために働くことを念願とするのでありますから、その働きは単に歴史の内で歴史に制約されつつなされる働きではなく、歴史の場にありつつ歴史を超え、自らの歴史創造の働きからも自由であるごとき働きでなければなりません。第三の「歴史を超えて歴史をつくりましょう」とはこの意味をあらわしたものであります。

FAS三者の関係

ところでこれら、F（形なき自己）、A（全人類）、S（歴史を超えた歴史）の三つのうち最も基本となりますものは、Fであると思うのであります。ところがこのFというものは従来東洋の伝統の中にあるものではありますが、これは他の二つのA・Sというものとの関係がはっきりしていません。東洋の伝統においてもA・Sの方向が、Fに全くないということは無論言えないのでありますが、A・Sというはっきりした方向を従来のFはもっていない。したがってFの働きが私どもにとっては、従来も非常に疑問であった。そこからまた従来本当のFというものが間違って解されているのではないかとの疑問さえあったのであります。しかしながらFはどうしてもその働きの面においてはっきりした方向をもたなければならない。もっともそれはその時代により異なった形で現われているということは言えると思いますが、今日は単に禅についてというだけでなく、もっと徹底して人間性全体の上から見て、一体Fの働きがどうあるべきかという問題が明らかにされなければならないと思うのであります。しかしその点は今日どうもはっきりしていないように思われます。

私どもはこの人間性の立場に立って、その必然的な構造の上に、どうしてもFが、AとSというはっきりした二つのディメンション（次元）をもって来なければならないと考えます。そしてF自身のもつこの二つのディメンションの目的とするところ、あるいはその方向の性格をば、ちょうど乾板の上に人の姿を現像するごとく、AとSという現実の二次元、すなわち世界と歴史の上にはっきりと現像し出してくる、ということが必要であります。しかもこの三つの方向が本来一つであるような立場に立ってわれわれが働いて行くということが、今日の本当のFの在り方であり、未来永遠の在り方ではないかと信ずるのであります。ですからこれをはっきりと認識する、あるいはまたこれを道場の「体」としてこの三方向が本当に実現するように道場が動いて行くようにしなければならない。もしそのようにしたならば、それは日本あるいは東洋が、世界に貢献して行く個性的な道ではないかと私は考えていたのでありますが、この考えは此の度の旅行を通してむしろはっきりさせられて来たのであります。

新しい決意と組織の必要

ところで、このことを実現してゆくためには、まず第一に私ども自身がこのFASということをはっきりと身につけるということ、さらにそれをこの三つの方向において働かせてゆくということがなければならない。この働きをするについては、道場が、それだけの決心、統一した決心と、それを実現してゆく機構、組織をもたなければならない。そういう点でここに道場の組織の問題が出て来るのであります。すなわち、道場はまずＦＡＳの三方向を確認し、その上でそれを身につける方法として、実究なり論究なりの「道場の方法」を樹立する。さらにそれと連関して外に向かって働きかけて行くことをも含めて、道場の組織が立てられなければならない。しかもこの三つの方向を実現して行くというためには、相当に大きいがっちりした組織が必要になってくると私は考えるのであります。その点、道場は従来の組織だけではとうていその目的に沿ってゆくことは出来ない。どうしても組織を新たに形成し、道場の今後の活動に応ずるいろいろな部門を設けてゆかなくてはなりません。またこの際道場内部の一致団結をはかるということが最も緊要であって、さもなければいくら有能の士がいても、道場の世界的な使命を果たすことは出来ないのであります。ここに道場の団結と組織の問題が起こってくるのであります。

ＦＡＳと今後の道場

ＦＡＳということは、人間としてどれも欠くことは出来ないと、私は思うのであります。ただＡＳだけでＦを欠いては、人間として全体をつくすことが出来ないし、逆にＦだけという形になると、そこではＡＳが除外されて人間性の全体をつくすことが出来ない。ですから人間として、どれも欠くことの出来ない一体のものであって、この三つは一つになってこなければならぬと思います。

たとえばＳはＦとＡを含まなければならない。ＡはＦとＳを、ＦはＡとＳを含まなければいけない。そうしなければ、人間全体の作用《はたらき》としては全一なもの、満足なものとは言えない。しかしどうかするとこれら三つのどれかが欠ける。たとえば宗教でありますと、どうかするとFだけに止まってしまうことになる。社会運動になるとAの拡がりだけになって、Fを全く度外視してしまうことになる。また歴史を考える場合にもしばしばFが度外視される。それでは人間の全体的解決にはならない。ですから、FASのどれをも欠くことが出来ないという、そういう在り方の修行なり論究が出てこなければならない。

ところで単に道人だけでなく、誰でも、およそ人間として、これら三つのどれか一つに、さしあたって自分の危機を感ずるという場合は、勿論ありうると思う。たとえばFというものがどうしても今現在の自分の問題だ、他のことを構っておれない差し迫った問題だというならば、Fの問題に取り組まれてちっとも差し支えない。またFの問題解決のためということで道場に入られることも無論構わない。ただしかしその場合、Fだけでよいという考えは完全な考えではない。その場合でもやはりFはASと一つでなければならないということを根抵におきながら、Fの問題に向かわなければならない。このことはAやSの場合についても同様であります。

重ねて言えば、道場ではあくまで個人の自由は尊重されるのですから、もしある道人がFASの中の一つの方向にのみ徹したいというのであれば、勿論それは結構である。ただしその場合でも、それがFASの三方向の中の一つであるということ、したがって道場全体としては他の二つの方向をあわせて問題にしているのだということを道人お互いは、忘れてはならないわけであります。

その意味でまず道場自身がこのFASの三次元を一体としたところに立たなければならない。そのためには現在の道場はさらに深められ拡げられなければならない。この点よりみると、これまでの道場は深化の次元、すなわちFの次元に重点が置かれて来たが、それは今後の道場への準備段階であったといえましょう。Fの次元も今までに解決されたわけではないが、それはAとSの問題とともに解決されなければならないと思います。したがって道場自体の活動としてもいわば分業的に考えていくべきで、主としてFの問題を担当して下さる方もあるが、その人々もASの問題を忘れない、あるいはSの問題を担当しながらもAFの問題を忘れないというように、全一的なものを根柢としつつ、それぞれの部署についてゆく——ここに今後の道場の性格を置きたいと私は思うのです。

従来の宗教と社会運動の欠陥

このようにFASの三つは一つに結びつかなければならないが、従来の宗教や社会運動においてはFかASの何かが閑却されるという欠陥があったのではないか。たとえばただ社会運動だけで自己の問題は忘れていてよいというようなことでは、人間の解決は出来ない。社会運動をやりながらも、そこでFの問題が解決出来ていないと、その運動に徹底出来なかったり、あるいは運動の途上においてFの問題にぶつかった自分がどうにもならないということもあるわけであります。従来の社会運動にはとかくFの方向が閑却されていたのではないか。

この反面、従来の宗教のようにただFの方向だけに向いていては、きっと自分たちに不満を感じてくるにちがいない。たとえばFというものが悟りにあるとして、かりに禅堂で修行が出来たとしましても、今日修行が出来たということには、本当の意味と形式的な意味とがあると思う。禅堂でたとい十年二十年修行して、いわゆる印可をもらったにしたところで、実際ASの問題に当面した時には全く無力である。またおよそASの問題に関心をもたず、かかる問題に関心をもたぬということが、何か真の禅の修行のための条件であるかのように考えている場合もある。しかしこれは未熟のもので本当の禅者ではない。今日の禅堂の修行というものは、かりに長い間やってもその作用《はたらき》になると全く役に立たない。禅堂の中にいる時はそれでよいが、社会に出たらそれがめちゃめちゃになるということもかなりあると思う。いや事実上そういうことがある。だから今日の禅堂での修行の仕方は禅という根柢はあるでしょうが、それが本当の禅の在り方とはいえない。そこで私はFの修行はASをふくんだ修行でなければならないと思う。さもないと修行した結果は未熟のものであり、世の中に出ても本当の知恵はないことになってしまう。そこに今日の禅の在り方について不満な点、今日の禅の盲点があると私は思う。

けれども、社会の方からいって、ASだけで行っている人たちは、また人間は一人であるということをとかく忘れがちである。人間は社会的存在ではあるが、同時に人間は一人であるということを、考えねばならない。社会運動によっても歴史運動によってもどうしても解決されない問題が人間にはある。そういう問題が起こってくると、そこでは自分を自分で始末することが出来ないということになってくる。人間にこのような問題があることを知らないでいるということは、Fを閑却していることである。そこにこそ本当の意味の宗教がなければならない。本当の宗教はＡＳを閑却したＦであってはならないし、本当の社会運動、歴史運動はＦを閑却したものであってはならないわけであります。

道場の新しい発足

だから私はこういうアイディアだけでも人に知ってもらい、自分で自覚するという一つの団体があるということ、それだけでも人間にとって非常に必要なことであると思う。しかし宗教団体でもそういうことをはっきり自覚してやっているものはないと思うし、社会運動の方でも、Ｆを一面強調してやっているものは寡聞にしてないように思う。従来の宗教と社会運動との欠陥を補い、両方をふくんだようなものをＦＡＳとし、それが人間に必要であることを知ってもらい、はっきりと自分にも他人にも自覚してもらうということだけでも、これは大きな問題であり、道場の在り方についてもこのことが考えられなければならない。もしそれを対外的に人にも知ってもらうというのであれば、そういう運動のための組織や資力が必要となってくる。だから私はこういう自覚と方法と組織とによって、内にこれを固め、外にもこれを知ってもらうということで発足するのが、道場の一つの新しい活動になってこなければならぬと痛切に感じるのです。もっとも道場の新しい活動といっても、従来の道場にかかるアイディアがなかったというのではありませんが、それに即応するように道場を組織化して、そういうふうに打って出るということが新しい活動になってくるわけであります。このような組織化には人的物的の両面における準備が必要であります。したがって従来の道場の在り方と本質的には異ならないが、その規模や運営の仕方は異なって来ますので、新たな決意が必要であります。それも単に道人個個人のそれだけではなく、道場全体の新たな決意が必要であります。そのためには何よりも道場のレーゾン・デートル（存在理由）を自覚し確立しなければならない。しかもそのレーゾン・デートルは単に道人によってだけではなく、すべての人が成程そうだと納得するごときもの——西洋の人々もみとめるような、日本ないし東洋の時代的使命をもり込んだもの——でなければならない。それが外でもない、さきほどから申していますＦＡＳのアイディアであります。ここに私は道場の個性的なレーゾン・デートルでありつつ、世界もそれをみとめ、要望するごときものがあるのではないかと思うのであります。このような意味で私は人間の三方向としてのＦＡＳということを強調したい。またかかる立場に立って実践するということは、今日当然要望されていることでありますが、道場は率先してこれを実践化してゆきたいと思うのであります。

全人類のために

私はこの度世界行脚から帰って来まして、以上のようなことを、私の案として提案したい。幸いこのことについて御賛同をうれば、道人の皆様には実際に心をあわせ一致してその方向に御尽力願いたい。これらの問題を遂行してゆく団体は、実際のところ他に余りみあたらないのではないか。

それに反し道場はこの問題を十分に自覚さえすれば、それに取り組みうる自由な立場にあるのではないか。私はいろいろな才能をもった道人の皆様が、一致団結してこれにあたり、その活動の中で各道人がおのおのの個性を発揮して頂きたいと思う。

これは決して私自身の個人的な、利己的な考え方ではない。実際そういうことの必要を私自身人間として痛切に感じるのです。したがってまたこれは、単に「学道道場のため」にやるというのでもない。そうではなく「全人類のため」にやるという気持ちから出るものであります。単に「道場のため」というのでは、他の団体と対立して自らの教線を拡張するというような利己的なものになってしまいましょう。ですから道場自身が無我に立たねばなりません。単に道場のためではなく、あくまで自他のため、全人類のためにやるということでなければなりません。私がこの度の『誓願』において「同胞衆生のために十字架をおう」というのもその意味にほかなりません。

正しい禅の批判的な紹介

私がこの提案を致しますのは、人間としてこのことが自他のために必要だということを痛感するがためであると申しましたが、事実この度短日月ではありますが、世界を行脚しまして、かかる要望があることを強く感じて参ったわけであります。海外に参っていささか驚きましたことは、禅への関心が日本で予想していた以上にはるかに強いということであります。今後道場が海外と連絡をとってゆくという点から言いますと、さしあたってアメリカ、イギリス、フランス、ドイツ、スペイン、スイス、イタリア、印度等が考えられるのでありますが、これらのうち特に最初の四ケ国が当面、重要ではないかと思います。これらの国々においては現在、すでに相当に強く東洋的なもの、特に禅に対する関心が昂まっています。たとえばFということだけにつきましても、海外には実際にF、すなわち無相の自己というものを知りたいとか、体験したいとかいう人たちや団体があるのです。禅についての知識や文献が――それも単に禅の古典だけではなく、現代の新しい解釈にもとづくものも――強く要求されているのです。しかもそれは他に求めることは出来ない、どうしても日本に頼むよりほかないということを向こうの人たちはよく知っているのです。それは深い要求か浅い要求かは別にしまして、人間的な要求であると思うのです。ですからこのような外国人の要求を単に浅いものだというふうにみてしまわないで、それを契機として深めてゆくことが私どもの親切ではないかと思うのです。そのためにはまずよいものを翻訳して送って上げねばならない。そういう要求に道場がFASのアイディアに立って応えて上げれば、向こうの人の禅についての考え方や受け取り方も変わってくると思う。今日アメリカなんかでは禅と言えば何でもよいというふうに考えている。それほど禅に期待しかつ禅を信ずるというような傾きがある。これに対し出版物を通して正しい資料を送って上げれば、向こうの人も禅を単に盲目的に信ずるというのではなく、批判的に知ってもらうということになると思うのです。ところで本当の禅の在り方をあきらかにしてゆくには、日本の従来の禅を批判的に扱って行かなければならない。けれどもそれは従来の禅の人たちでは出来ない。それでは一体誰がそれをやるか。本当にそれをやりうるものは誰もいないというのが現状である。だから出来る出来ぬは別として、私どもの道場がそれをやってゆくよう決意を固め、勉強して行かなければならない。そのためには西洋の哲学やキリスト教の研究が必要である。私自身これらの勉強を少しでもしたということが、禅に対して批判力をもつという上に非常に役立ったと思っています。ちょうど鍛えられて立派な刀が出来てくるように、相手からたたかれて、ますます一般性をもつものになって行かなければならない。私はそういうものを世界の中に出してゆきたい。

それにはこちらの考えを如何に表現するかの表現の問題についても今後いろいろ考えなければならない。今度旅行して語学の必要を痛感しましたが、道場としても今後自らを自由に外国語で表現しうるようにならねばならぬと思う。

新しい修行の方法について

また今日、特にアメリカにおいては、禅は読書や机上の研究によっては修得出来ない、ただ実践によってのみ修得出来るのだという考えが広く行きわたっています。しかしアメリカには適当な指導者がいないし、また禅をやろうというアメリカ人の誰でもが日本へ行けないという実情にある。したがって悩みをいだいて禅を求めつつ如何ともなしえないという悲痛な声を向こうでしばしば聞いて、深く考えさせられたことがありました。この点にも今後の道場の重大な使命があると思うのであります。

ところで修行の方法ということでありますが、道場も従来、端坐実究を中心として行なって来たのであります。しかしこれからの道場の「坐」というものは、FASの三次元に即応した坐でなければならない。そういう坐を工夫してゆかなければならない。曹洞宗では只管打坐は絶対のものであり、臨済宗では公案は批判出来ぬものである。しかし道場はこれらをも批判して、新しい宗教的方法を確立してゆかなければなりません。またこの際外国人にむく禅の修行方法を案出するということは緊急のことではありますが、そのためにもFASの三次元の問題を根源的に解決し世界人類そのものを救済するという立場で、「坐」の問題を考える必要があると信じます。もとより従来の坐においても、坐から衆生済度が出て来ると考えられていましたが、それをもっと広くかつ深く掘り下げて、FASの三次元をふくむ坐として明確化する必要があると思う次第です。

道場の名称について

私どもの道場は従来「学道道場」と申して来たのでありますが、道場の名称として「学道」というだけでは、抽象的ではないかと思うのであります。つまりそれでは単に深まる方向だけ、Fの方向だけしか現わされないからであります。会の名称というものは、それの性格をすぐ表わすようなものが非常に望ましいのではないか。そう考えまして私としましては、先ほどから申し上げています趣旨から、FASという言葉をとった方がよいのではないかと思うのであります。しかし「学道道場」という名称は創立以来のなつかしい名称でありますから、何處かで存続するということも考えられます。なお道場の名称として、もしFASよりも適切な名前がありますれば、それでも結構であります。ただ外国との交渉が出来てきますと、向こうの方にも親しみを感ずるものであればよいし、また今日わが国でもこういうようなことばが使われていますので、それでも構わないというところから、「FAS協会」というのがよいのではないかと思う次第です。

FAS禅

なおFASの全体を禅であると言い表わして——単に従来の禅を墨守するのでなく、本当に現実、あるいは世界にぶつかってはっきりさせて来たような禅——そういう禅に新たな意味をもたせて「FAS禅」といったらどうかと考えています。もしこのように「FAS禅」と言ったならば、従来の伝統的な禅において、これら人間の三次元がはっきりしていなかったのに対し、ここでそれをはっきりさせ、禅の新しい在り方をその名称によって示すことが出来るのではないかと考えます。ですから「FAS禅」という場合には、新しい禅の在り方を本当に人間構造の上にはっきりさせた言葉といえるかと思うのであります。

道人の皆様への私の願い

以上のような諸問題、すなわちFASのアイディアに立脚する道場の組織や、新しい修行方法の問題、翻訳による禅の正しい海外紹介やその他の実践活動等々は、とうてい個人の力では出来ない、どうしても団体の力によらなければなりません。そのゆえにこそ私は道場の新しい決意と組織化を皆様に提案するわけなのです。道場のメンバーがそれぞれこのような使命を根本にもちながら、道場の内外においてそれぞれの仕事をやっていただく、それが次第に一つにまとめられてゆく。端坐、論究、禅籍の研究、翻訳、種々の出版、問題の掘り下げ、学問的整備、芸術的表現等々、それぞれの道人の個性を発揮しながら一つになってゆく。もし全道人がその個性を発揮してフルに働き、それが世界的になってゆけば、本当に世界に役立つ新しいものが生まれてくる契機になると私は思います。

この場合道人はお互いに小異をすてて大同につかなくてはならない。一致団結しなければならない。それには新たな決意とそれにかなった生活が必要になってくる。このようなことを標榜するにふさわしい個人や団体でなければならない。また道場が今後出版物等を通して海外に働きかけてゆくためには、道場は経済的にも基礎をもたなければならない。もし本来的に言うならば、本当に必要であり、本当に使われるところには、資金がくるのが当然でなければならぬ。そういうふうに仕向けて行くことも、こういう団体の活動ではないでしょうか。今日の宗教団体は多額の金を集めているが、どれだけそれに値する本質的なことをやっているか。われわれは本当に要求する権利のあることをやるということにならねばならぬ。われわれは本当のことを本当にやって行くならば、事柄によっては資金を要求するよう踏み切ってもよいのではないか。しかし同時に道場に入った金は一文の金でも大切に使わなければならない。道場のものは道場の者が自由に使いうるが、あくまで道場のものとして使わねばならない。

　これと同様に人間は個人的に使われてはならない。如何なる人も道場のため、いな人類のため使われ、また使わねばならない。人を物として使ってはならない。どこまでも「人類全体の個人」という立場を忘れてはならない。道人は、物に対しても人に対しても本当に謙虚な、あたたかい心をもって向かわなければならない。どんなきびしい議論をするとしても感情のしこりが出来るというのでは、道場の精神、あるいは真の人間の在り方にはならない。「和」ということがすべての対立の底になくてはならない。「和」が底にあれば戦争も暴力もなくなる。

　もし以上のべましたように、ＦＡＳという人間の三次元をはっきりととらえ、道場はそれを根柢とするのだという趣旨に御賛同を願え、これを基本線として道場の新しい出発が出来ますならば、単に道場のためのみならず、人類衆生のためになると、私は深く信ずるのであります。

現代の課題とＦＡＳ禅

私どもの道場は来年でちょうど二十周年になるわけでありまして、二十年前に学道道場というものを志を同じうするものたちが集まりまして作りましたのでありますが、その学道道場という今の名を、数年前に、何を一体学道するのか、そういうことの内容が解りますように、名称を実は変えましたような次第であります。大体その学道道場というものを始めます時に、すでにこのＦＡＳという標語で呼ばれます内容というものが、その中に含まれていたのでありますが、その内容というものがお互いに実究なりあるいは論究というものではっきりいたして参りまして、そのＦＡＳというものを打ち出すことができるように成って参りましたので、それをはっきり会の名前にしたらということでＦＡＳ協会という名称にいたしたのでありますが、ＦＡＳとは一体何をいうのだというような、そういう疑問も一般に持たれているようであります。ことにＦＡＳというような横文字を使いまして新奇を衒うようにも見えますようでありますけれども、私どもこの会というものがただ日本だけの会というような狭い意味でなくして、これを世界的な意味を持ったものにしたいというような悲願がありまして、それでこの英語の言葉を取って参ったような次第であります。まあ今日はそういう頭文字を取りましたような名称がだんだんとふえて来ているようでありまして、必ずしも新奇を衒うということにも成らないのではないかと思います。それから名称はなるたけこう簡潔なものがよろしい、簡潔でそしてその内容を表わすようなものが私はいいと思うのでありますが、私どもこのFASというそういう標語に当たりますものを日本語で表わしますとなかなか長くなるわけでありまして、その日本語も頭文字を取ると言うたってどうもちょっと取り難いわけで、それで英語の頭文字を取りましてFASとこういう名称を付けたような次第であります。

FASのFと申しますのは、それはその先ほども、「開会の辞」のなかで述べてくださったように、つまりこの無相の自己に覚《めざ》めるということでありまして、この無相というのは形のない自己、一切の形を絶する自己、自己であって形がない、形なくして自己である、こういうような意味でつまり英訳いたしました場合のFormless selfのFを取りました次第でございます。私どもの到達しましたところでは、勿論いろいろの自己があると考えられますが、本当の自己というものは、これは形がない、無相である、それが本当の自己である、形ある自己というものではそれはいろいろそこにいわば難点というものがある、本当の自己と言えないものがある、またその無相の自己ということが真の自己であると、こういうふうに考えまして、そしてFormless selfのFをここに取りました。それから世界というものの在り方はどういうものでなければならないか。世界と申しましてもこの場合後に直ぐに歴史ということがありますが、一応その空間的に世界というものはどういう世界でなくちゃならないか。そういうことから世界というものはこれは全人類でなければならない、或る一国であるとかあるいは特定な民族であるとかいうものでなくて、それは全人類というものでなくちゃならない。そういうことから全人類の立場に立って、それが世界ということからすれば本当の世界の在り方ということになる。ですからこの全人類の立場に立つということが、世界というものに対するわれわれの態度と在り方である。国家とか民族とかあるいは国家グループというものの上に立ったのでは、もう今日とうてい処理できない問題というものがある。だからその全人類の立場に立つということで、All mankind の頭文字Aを取りました。それから歴史の在り方というものがどういう在り方でなければならないかということから、歴史というものは、歴史を作りながら歴史に縛られる、作られたものによって拘束され縛られていくというようなそういうものでは、それは本当の歴史の作り方じゃない。常に歴史というものを超えてそしてしかも歴史を創《つく》る、創りながら歴史を超えると、こういうような創り方というものが本当の歴史の創り方である、こういうようなことから歴史を超えるという意味で、Suprahistorical history の頭文字を取りましてSということにいたしましたわけで、そこでつまり、FASということになるわけであります。ここに自己とそして世界とそして歴史とこの三つがですね、そのFASの頭文字で表わされるそういうものが本当の自己の在り方であるという意味で、FASという名称をつけたわけであります。私どもの協会といたしましては、自己というものはまず形のない自己というものに覚《めざ》めるということで行をいたしておると同時に、全人類の立場において世界というものを形成して行こうという、こういう立場ですね。また歴史の作ったものに拘束されないで歴史を創って行こう、こういうふうのことをおこなって行こう、まあこういうことになるわけで、それが私どもの方といたしましては本当の禅である。自己の在り方、世界の在り方、歴史の在り方というこの三つの在り方に対して解決を与えるものでなければ、本当の禅ということは言えない。そういうものこそ本当の禅だということで、私どもFAS禅というようなことを申すのであります。ここで今述べたことにつきまして少し内容に立ち入って申し上げまして、皆様の御了解をうけたいと、こういうふうに思うのであります。

人間の問題といたしまして、自己の問題というものが大事な問題であるということは申すまでもありません。また自己の問題と同時にあるいはそれと密接な連関を持って、世界を作るということあるいは歴史を作るということは切り離せない大事な問題であるのであります。またそういう自己の問題あるいは世界の問題、歴史の問題というものをどういうふうに扱って行くかという問題につきまして、まず私は、先ほど辻村さんがおっしゃいましたような神というようなものの信仰を中心にした見方、つまり、中世的なセイズムの立場から考えて見たいのであります。西洋の中世におきましてはいわばクリスト教ではセイズム、クリスト教的セイズムの立場があると言いうるのでありますが、それから近世のヒューマニズムの立場からの扱い方、その二つをまず取り挙げることができると思うのであります。中世のこのセイズムの立場では、自己とかあるいは世界とか歴史というものは——神の約束と言いますか、それをまあ神律というような言葉で表わすといたしますと——神の掟、神の法則というものによって成立するものであると、こういうふうに考えられているわけであります。自己と申しましても、その自己というものは神に依存したもの、神に従属したものであって、自己というものはそれ自身独立的に成立しないものである。いわば人間の自己というものはそれ自身独立性というもの、あるいはそれ自身の法則というものはもたないもので、つまりそれは他律的と言わなくちゃならない。他律的ではありますが、しかしそれは人間相互の他律、人間と人間との間の他律というものではなくして、絶対者である神というものの他律でありますからして、その意味で神律、神の掟というようなことが考えられるわけであります。とにかく人間的な他律にしましても、神の法則としての神律であるにしましても、とにかく人間そのもの、われわれ人間というものにそれ自身の法則というものがない、自分で自分を律するということはない、自分というものは他から創られ他によって支配されるということになるわけであります。それ自身の独立性はない。だから人間の意義、人間というものの価値とかあるいは存在とかいうようなものは、それは神によって付与されたものということになるわけであります。そして世界というものも、やはりこの神によって統一される。世界は人間がその主体になって創る、あるいは統治する世界ではなく、神律というものが支配する世界、こういうことになるわけであります。歴史というものもこれは神の摂理によって創られる歴史である、こういうことになるわけでありまして、人間が主体になって人間が自分自身の法則によって創るということは、これはむしろ神の冒瀆そのものということになるわけであります。そこで自己というものも、世界というものも、歴史というものも、これは神に依存したもの、神に依存して初めてそこに存在の価値というものもある、そういうことになるわけであります。で、その場合一体神というものはどういうものかということは、これは人間というものでは測ることのできない、人間の知識、法則というものをもってはとうていこれを知ることのできない全く人間を超越したものであるということになるわけであります。しかしそういう神というものはわれわれにどうして知らるるか。知るという意味ですが、それは知的に知るということではないにいたしましても、とにかく神が人間に関わりを持たなくちゃならない。その関わりをもつということは何かと言いますと、これは信仰であります。信仰という形によって神というものが人間に関わりを持つということであります。でありますから、つまり神は信仰によって人間に啓示される、こういうことに結局なるわけでありまして、そこでは理性的な人間の知識というものはとうていそれに及ぶこと到達することのできないものである。こういうことになるわけであります。結局自己も世界も歴史もいわばただ信仰による神というものの支配の下にあるというふうに考えられていると言わなければならないと思うのであります。ところが私が申すまでもなく、近世になりますというと、この人間の自力というものがめざめて来たということができると思うのであります。まあ人間の自力つまりオートノミーというものにめざめた。神というものに依存せず、神の法則によるのではなくして、人間には自分自身の法則というものがあるということにめざめた。そこにむしろ中世の神の支配というもの、あるいは神の法則というものから解放されたと申しますか、自分でそういうものから脱却したということができるのであります。つまり自分自身の独立性というものを近世では人間が確立した。そしてそれを自覚して、そういう自覚の下にその自己あるいは世界、歴史というようなものを打ち立てるということ、それが近世的ヒューマニズムと、こういうことが言えるのであります。そこでよく中世は神中心的であるとか言われるのは、そういうところにあるわけであります。私ども近代に住んでおりますものとしまして、近代は、時代的に申しまして、ヒューマニズムの立場に変わって来ていると言わねばならない。無論いろいろと近代的でないいわば中世的のセイズム、神中心主義の立場にいるような方も中にはたくさんおられるのでありましょう。しかしながら近代人の性格あるいは近代という時代から申しましたならば、これはヒューマニズムの時代であると言わなくちゃならないと思うのであります。したがって自己とか世界とか歴史とかいうようなものも、そういうヒューマニスティックな自己であり、ヒューマニスティックな世界であり、ヒューマニスティックな歴史であるということが言われなくちゃならない。事実そうである。私自身この限りにおいてそうである。もはやそういうセイズムの世界に住んではいない。セイズムを脱皮してヒューマニズムになっていると言わなくちゃならない。人間の発展と申しますか、発達の歴史というものが、それ自身の法則をもって自律的になっている。自律と申しますと、これは自ら律する、自分を支配する法則というものを自らが律するということであります。これは近世の素晴らしい発展である、こういうふうに思うのであります。私はこのヒューマニズムというものを謳歌するものでありまして、事実上この人間の人間性の自律ということが確立しまして以来、人間の世界、自己にしましても世界にしましても、これは一大転換を来たしただけでなく、実はそういうものの成果というものが実に素晴らしい成果というものをあげてゆく。中世のセイズムの世界においてはとうてい考えられないようなそういうものは、人間の自覚によって作り上げられたのであります。これは人間の倫理というようなものにいたしましても、あるいはまた学問とか知識というものにいたしましても、その内容というものあるいはそういうものの在り方というものが一変して、そしてこの近世的な倫理になった、あるいはまた近世的な学問というものになった、近世的な芸術というものになったわけでありまして、そういうものが自己とかあるいは世界とか歴史とかいうものの内容になって来たわけであります。それがますます現代になりまして急速の進歩を遂げまして、この科学というようなものの作り出します世界の内容というものは実に驚歎すべきものがあると思うのであります。この人間性の自覚というものによっていわば近代文明というものが成立したということは、私が申すまでもないわけであります。近代文明のこの素晴らしい内容というものは、これは神中心的な歴史というものの在り方から人間中心の在り方というものに転換されたというところに、その根源があると言わなければならないと思うのであります。ですから現代の文明というようなものは、この人間の自律性の自覚ということが一番根本になっていると、こう言うて私は差し支えないと思うのであります。そこで私はその人間性の自覚というものを非常に謳歌する、それを絶対的に支持し、あるいはまたそれを窮極のものとして支持するというふうに、あるいはただ今私が申したところからお考えになるかも知れませんが、しかしこの近世というものが経験しております人間の自律というものは、近代文明というものを作って来たというような素晴らしい自律でありますが、しかしこのヒューマニズムというものが私どもにとりまして本当に窮極のものであるかどうか、こういう点が、このヒューマニズム時代においてはまた反省される必要があるのじゃないかと私は思うのであります。

近代文明の中に漬かっておりますというと、もう近代文明というものは窮極のものであるというようなふうに、とかく楽天的断定的に肯定してゆくというようになりがちである。しかし四百年以上にもなりますが、そういう時代を経過しました近世というものが現代という時代になって、私どもは果たしてこのヒューマニズムというものを手放しで謳歌できるだろうかということを、現代に住む私どもとしては考えなくちゃならない。

勿論、私どもは現代人としてヒューマニストである、私はそういうことが言えると思う。しかし、現代においてもまだヒューマニストでないような人も相当にある。つまり前近代的な人間というようなもの、あるいは世界や歴史というものも、私は敢えて生き残っているといって憚からない。そういうものがまだ生き残っているということが言える。しかもことに宗教の世界においてそういうものがまだ生き残っている。これは私はごく原始的な宗教、未開の宗教というようなものについていうのではない。勿論未開の宗教というようなものもまだ現在生き残っている。しかし非常に発達したあるいは非常に高い宗教と言われますものにおきましても、あるいはまた仏教の世界におきましても、前近代的なものがなお今日たくさんに残っているのであります。私ども一人一人においても、自己というものあるいは世界というものの在り方というものがまだ近代的になっていない、こういうことが非常に多くあるのであります。それは非常な立ち遅れである、人間の歴史的発展の上から申しまして、非常な立ち遅れと言わねばならない。だから私どもは今日どうしてもまず近代的な人間というものになるということが大事ではないか。勿論私どもはことに近代というものの空気を吸いましてから一世紀にしかならないわけでありますから、西洋の近代というものの長さというものに比べますと、非常にまあ短いわけであります。非常に短いだけに本当に近代化されていないというわけですが、しかし今日はますます近代化ということが嘱望されて、前近代的なものを払拭するということが根本前提として非常に大事なことではないかということを思うのであります。しかしその近代化しましたところで一体そこで、先ほど申しましたように、それが窮極の在り方と言いうるかどうか、これはその、私は問題であると思う。つまり近代の自己反省ということも今日は必要である。で事実、現象的にもこのヒューマニズムというものに対する批判というものが今日起こって来ている。先ほども辻村さんがおっしゃったように、近代のヒューマニズムというものに止まらないというようなものが起こって来ておる。そういうことがいわば科学文明あるいは機械文明というものに対する批判というような形でも起こって来ておる。あるいは近代というものが曲がり角に来ておる、近代というものは危機に直面しておる、というような言葉もしばしば言われるところでありまして、今日思想的にもニヒリズムというようなものが抬頭して来ておる。イズムとしてのニヒリズムというようなそういうことばかりでなく、ヒューマニズムに対する疑問とか、あるいはヒューマニズムに対する絶望とか、ヒューマニズムの否定とか、こういうことがそれが一般的イズムとしてでなくとも、個別的に人間性そのもののなかに現われている。非常に最近はノイローゼが多くなって、あるいは精神病になるとかあるいは自殺するとかそういった現象面で、人々はヒューマニズムの世界にありながら、しかもその中にそういう難問題というものが起きつつある。したがってこのヒューマニズムというものを真に思想化することはできない、こういうことが今日のヒューマニズムに対する自己批判ということになっておるのではないかと思う。しかし私は、現代におけるいろいろの問題には、ヒューマニズムというものの内から起こって来る難問というものばかりではないものがかなり多いのではないか、と思う。普通何かそういうふうに思われているものも、よく考えて見ますとそのうちにヒューマニズムというもの自身の難問ではなく、むしろ先ほど申しましたように、近代化ということがますます増進され一般化され強化されることによって解決されるというような、そういう問題もかなりたくさんある。つまりヒューマニズムが十分に行なわれないために起こる難問、近代化を増進し徹底することによって除かれる、そういう現代の難問も相当多いと思うのであります。さらに今ここで例を挙げて申し上げる時間はありませんが、近代化されないために起こって来ている現代の問題、難問というものがかなりある。それはどうしてもヒューマニズムの自覚の徹底によって解決されねばならない。しかしそれじゃ今日の問題というものはそれだけかというと、私は近代そのもの、ヒューマニズムそのものの難問、近代とかあるいはヒューマニズムそのもののうちにある盲点というものが、そういう難問というものがあると思うのでありまます。そういう問題が一体どういう問題であるか。これは先ほどから申しておりますように、近代に住んでいるものあるいはヒューマニストである近代人が真剣に反省してみる必要があることじゃないか。私はこの現代の問題というものには、これは結局そういう近代化によって除かれるような問題というもののほかに、もっと深刻なものがある、と思う。ヒューマニズムというもののうちに深く潜んでいる難問題、それはどういうものであるかということ、これを次に申し上げてみたいと思うのであります。

ヒューマニズムの根柢をなすものは、先ほども申しましたように、人間性の独立とか人間性の自律ということになるわけでありますが、この自律ということは申し上げるまでもなく、広い意味での理性ということになるのであります。つまり理性的な自律ということになるのであります。私はこの理性的な自律というもの、あるいは理性的であるような人間あるいは自己と申しますか、そういうものは、それ自身では解決できないような非常に大きな難問を含んでいるように考える。つまり理性的――これは広い意味でありますが――この理性的というもののうちに、理性的人間ではとうてい解決できないようなそういう問題がある。そしてその問題がかえって現象的に起こって来るいろいろの難問というものの根源になる。つまりその難問というものがあるために、このヒューマニズムの世界というものである近代というものに、いろいろな現象的な難問が起こって来る。つまり難問と言いますか、そういうものがヒューマニズムの底に潜んでいる。それを普通は気づかない。そしていろいろその難問というものをただ現象の面だけで見ている。しかし如何にこの現象面というものが解決していっても、その現象的な難問の根柢にある難問の難問というものを解決しないことには、本当の難問というものを解決することは出来ない。しかし、この近代ヒューマニズムの世界に起こってくるいろいろの難問の根というものは、ただ現代のヒューマニズムの世界での根というだけのものではない。これは時代の別はない。過去におきましても未来におきましても、人間性というもの自身の、あるいはまた世界の、あるいはまた歴史の根柢に潜んでおる根である。つまりこの私がそういう意味での絶対的な難問、窮極の難問自体であって、それは現象面では把えることができない。現象というものの底に徹するということによってそれが捉まる。いわば近代というものの難問の診断というものは、むしろ現象というものの底においてなさるべきものであると思う。一体どういうものが近代の難問であって、しかも人間というもの自身に通じている問題であるか。そういう問題が一番発達した人間の上において見られるという点で、この問題にはいわば客観性がある。ただ主観的な個別的なものでなくして、ヒューマニズムにまで発展した人間というものの内にあるものという意味で、これは現代の難問であると同時に人間そのものの問題である、ということができると思うのであります。私はそういうものを絶対絶望と申します。それはつまり自分は絶望であるという人間そのものの絶望であります。あるいは人間そのものの絶対否定という言葉も使うことができるのでありますが、人間そのものがそのままで人間であり得ない、その難問というものを解決しないことには本当の人間ではあり得ない、というそこに病気を持った人間である。健全な人間でない。そういうものを私はニヒリズムということができると思うんですが、しかしニヒリズムといっても、これは相対的なニヒリズムではない。どうしても処理できない絶望的なニヒリズムというものが、人間自身のうちにはある。これを解決しないことにはすべての人間の本当の安心ということにはならない。安心という言葉は、言葉としては、安心ということと不安ということとが相《あい》対する非常に相対的な言葉のようでありますが、しかし本当は安心するとか不安とかいうようなことのないような安心、安不安というもののない安心と言いますか、そういうような安心ということにならなければならないわけであります。宗教で安心ということを申します場合、それが何か自分自身以外のものに頼ることによって安心を得るというようなことでありますというと、これは中世的な安心つまりセイスティックな神中心的な安心ということになってしまいます。普通神に頼るとか、あるいは仏に頼るとかによって安心するというような安心は、これは本当の安心ということとは言いえない。ことに近代人つまりヒューマニストである私どもには、そういう安心というものはとうてい本当の安心ということはできない。われわれ自身の在り方そのものが安心というものでなくてはならない。それでやはり私は、自律的な自主的な安心というもの、つまりそれが自己であることによって私は安心しておるというような安心、つまり何ものにも頼ることなくしてそれ自身安心しているようなそういう自己、それが本当の窮極の安心であると思うのであります。そういう安心というものは、どうしてもこの窮極の難問というもの、窮極のニヒリズムというものを脱却したような人間性というものにならないことには、あるいは自己ということにならないことには、それは本当の安心ということは言えない。宗教というような言葉をちょっとも使っても使わなくともそれはどちらでもよろしいが、もし本当の宗教というものの安心ということでありますならば、それは結局人間性の底に潜んでいるニヒリズムというものを克服した、つまりニヒリスティックな人間性というものを克服したようなそういう人間、そういうものでなければ本当の宗教の安心ということは言い得ないと思うのであります。その根本の難問とは一体何かということでありますが、それは皆さんもお考えになることと思います。おそらく死というもの、死ということが根柢の難問であります。近世になって、如何に科学が進歩してもあるいは世界というものが発達しても、人間というものはとうてい死というものは免れない。免れない以上は人間というものは安心が出来ない。だからすべての不安と言われるものの根本には死というものがある。それで死は人間の宿命であると、こういうふうに考えがちであります。しかしですね、この死というものが普通は肉体的・生理的な死であると申しますが、しかし生理的の死というものが生理的死だけであるということは無論言いえないわけでありまして、死というものは精神的なものから別のものではないわけであります。そういう死というものは普通はこの生に対しての死と、生の否定としての死というふうに考えられる生理的心理的精神的死というふうに考えられるのが具体的な死ということになるのであります。そのでありますが、そういう生の否定としての死というものが死として窮極の死であるかどうか。私は生の否定としての死というものは、これは窮極の死というものにはならない、窮極の死というものはむしろその生と死というものがあることが窮極の死だと申します。だから死というものと生というものとはこれは不可分なものと言わなくちゃなりません。死だけの死というものはないわけで、また生だけの生というものもないわけで、具体的には死というものが生と不可分の死である。生というものは死というものと不可分な生で、これを切り離して考えるということは抽象的なことであって、具体的なものといたしましては、死と生というものは不可分なものと言わなくちゃならない。その不可分なものであるところに私は問題があると思う。生と死というものが、それが人間の世界の在り方である。人間というものの在り方というものがいわば生死的である、単に生きているということでもなければ単に死ということでもない。人間というものの在り方というものは生死的である、生と死というものがそこでは永久に対立している。ここに問題があるわけでありまして、この人間が生死的であるということはどうしても人間そのものの構造であって、これを超えるということはできない。よく死を克服して生へということが言われますが、死を克服して生へということは、これはとうてい容易にあり得ないということは、先ほど申しましたように、単なる生もなければ単なる死というものもない、生死というものは不可分なものであるからであります。それだからして、死というものを克服して生へということもできなければ、生というものを克服して死へということもあり得ないわけであります。そこにいわば人間性の一番のニヒリズムというものがある。仏教は死ということについて、単なる死ということは言わない、必ず生死ということをいう。人間は生死的な人間であると申しますが、それは人間のいわば根本構造が生死的であるからである。ですから生死的であるということは、これは結局無常ということになる。人間は無常であるということは、これは人間にはどこまでも生死ということがついているということである。生死的である人間というものを、死を克服して生へという方向に追究してゆくところに、いわばヒューマニズムの方向というものがある、また理想主義的の方向というものがある。すべて科学にいたしましても、人間のいろいろな近代的施設にいたしましても、どこまでもこの死というものを克服して生へと、こういうところがある。しかしながらそれは永遠に不可能なことである、できないことをしようとすることである。そういうことが決してそういう仕方で完成されるのじゃない。今私は人間というものについて申しましたが、しかしその世界というものもまた同時に生死的である。人間だけでない、世界というものも歴史というものも生死的である。そう言わねばならない。普通のヒューマニズムの立場で考える歴史というものは生死的である。人間の根本構造というものに気づかないで、いわば非存在というものを克服して存在へと、こういうことになる。それゆえ、近代の自己形成は世界形成、歴史創造ということの方向において行なわれるわけで、それがいわば理想主義ということになる。ヒューマニズムの理想主義、理想主義のヒューマニズムというようなことになる。しかし先ほどから言いましたように、決して永遠に存在だけの存在、死のない非存在のない存在、これはあり得ない、永遠にあり得ない。だから非存在を克服して存在だけにしてゆくということは、これは望めない。何時までたってもそれは達せられない目的というものにとどまる。そこも人間の一つの不安点と言いうる。理想主義的ヒューマニズムというもの、これは悪無限である。どこまで行っても二つを克服するということはない。存在非存在というものを存在だけの存在にする、そういうことはできない。理想主義的ヒューマニズムというものは、これはヒューマニズムというものの根柢にある構造というものを認識しないところから起こって来るいわば人間、世界、歴史の在り方ということになって来るわけで、そういう在り方というものは、永遠に到達することのできないものを到達することができるかのごとく錯覚している立場である。そういう迷蒙から来る立場であると言わねばならない。そういう立場では目的というものは永遠に不到である、目的は結局到達できない、目的であるけれども、それは永遠に到達できない。こういうことになって、そこに理想主義的なヒューマニズムというものの勝てない望めないところがある。結局これは、ヒューマニズムの立場で考えられるこのようなプロセスといったものが人間の根本の壁になっていない、ということである。一番の壁といったものはどういうものであるかというと、存在というものと非存在というものの対立である。この対立は永遠であるから、この対立というものはこれは人間の自己においてーーヒューマニスティックな自己においてもあるいは世界においても歴史においてもーーとうてい免れない宿命的なものであるということである。存在というものが宿命ではなく、また非存在というものが人間の最後の壁ではない。無という言葉を非存在という意味に使えば、無ということが最後の壁ではなくして、むしろ人間というものあるいは人間の世界というものは有無的である、人間もそうであるし、外界もそうである、すべてが有無的である。しかもその有無というものは理性的価値的にも客観的存在的にも有無的であって、そういうものは前述のごとき仕方ではとうてい永遠に脱することはできないのに、それを脱する方法として考えられたのが理想主義であります。けれども実はそれはとうてい完全な人間の在り方とは言えない。私はその存在非存在的ということが本当の死であるという。だから絶対死という。絶対死とはどこまでも人間は存在非存在的である、ということである。人間の構造というものが存在非存在的であるということが、それこそ本当の壁である。死ということあるいは普通の否定の無ということがニヒリズムということでなくして、本当の窮極のニヒリズムということは存在非存在的であること、それがむしろ絶対ニヒリズムというべきものである。そこにいわばニヒリズムの一番の難問というものがある。どうしてもそれ自身の構造をかえることができないというそういうものを超えるという、そこに本当の対決の仕方というものがあるのであります。今私は存在非存在ということを申しましたが、もう一つ存在非存在ということと不可分に結びついておりますのは、それは価値反価値ということであります。これもですね、存在非存在というもので価値反価値というものと結びつかないものはない。だから生死という場合には、いきおいそこに是非善悪というものが含まれているということが本当の生死である。また是非善悪とか言った場合、生死ということが必ずそこに結びついてくる。だから人間というものは具体的には存在非存在的で価値反価値的である。こういうことが具体的なわれわれの在り方である。そうしてそうであるということが、それが人間の絶望である。どうしてもこれを脱するということはできない。ですからよくクリスト教なんかでも原罪ということを申しますが、しかしどこに原罪というものがあるか、そんなものは天から降って湧いて来たものじゃない。それでは人間自身のうちにある原罪と言われるものは何か。原罪という言葉は眩惑的な言葉であるが、私は原罪ということは、存在非存在、価値反価値ということがどこまでも人間の存在の宿命的な対立であるということにあると思う。それが原罪であろうと思う。人間の業《ごう》というものは一体人間のどこにあるかというと、業というものもそこのところにあるわけである。私はそれが業であるという。人間が価値反価値的であるということが業である。無論そこで先ほどから申しましたように、原罪というものも死というものも絶対死というものであり、生死的であるということ、存在非存在的であるということとが絶対死であるということである。ここに、絶対窮極のニヒリズムという人間のニヒリズム、どうにも仕方のない宿命というもの——そしてこれは相対的には解決出来ない宿命だから——その宿命というものから脱するということ、そうしなければとうてい人間の最後的な不安は除かれないということ、があるのであります。この人間のあるいは世界の根本宿命というものを脱却すること、それはどうしてできるか。どこまでもそれは宿命的のことであると言えば、もはや救われる途はない、絶望というほかはない、全く絶望というほかはない。けれどもそれが救われるということが、宿命を脱却するということが、人間ということにおいて、あるいは世界ということにおいて、できるだろうか。そこに人間の根本問題がある。それがそうでないものは、それは人間の根柢に徹していない、したがって人間の根本的な本当の主人公たることにはならない。人間の病気の所在はどこにあるのか、私はそういうところにあると思います。それを除くということ、その病気を治療するということが、それが私は本当の宗教だと思う。そしてそれはつまり本当の人間になることであります。そういう根本の癌というものを切開して、それを取り除いた人間というもの、それこそ本当の人間である、自己である。そういう自己というものが形成する世界であり歴史であって初めて、それがセイズムにも堕せず理想主義にも堕しない、そういうものの欠陥を是正した自己・世界・歴史というものになるのであります。また、このようにものの根本を抉ってそれにメスを下す、そのメスを下す方法というものこそ、本当の方法であります。人間性の解決、窮極の解決というものはそこにあるというふうに私の方では考えるのであります。それを本当に解決する方法と言いますと、それが私のＦＡＳのＦというもの、Ｆの自覚というもので、それは解決されている。そして、形なき自己という、本当にそういうものを解決した自己によって形成される世界または歴史というものが、それこそが本当にいわば不安というものから根本的に解決された世界・歴史ということになります。そして、世界というもの歴史というものを形成してゆく根本問題というものがＦから転じて出て来るのであります。つまりヒューマニズムというもの、そこを抉ってその病根というものを切開して、そして新たに成立するそういう人生というもの、それは神でもなければ普通の人間でもない、人間でなくしてしかも本当の人間である。本当の自己である。本当の世界である。本当の歴史である。そういうものでなければ、私は宗教の創造する歴史ということにはならないと思う。宗教というものが今の現実を逃避するもの、現実の世界の外に理想の世界に逃避するものであってはなりません。現実世界というものの欠陥を取り除いてそれを本当の世界にするということ、それが私は本当の宗教であるというように考えるのであります。十分お話しすることができませんでしたし、話し方もお解りになり難かったと思いますけれども、そういうことを私たちこのＦＡＳ協会は目指すというか原則とするものだということをお解り戴いて、またお解り戴けないかも知れませんが、そういうことに関心を持って戴いて、私どものこの協会というものの主張するところを御理解願いましたら、誠に幸せなことと思います。

後　記

久松真一先生（一八八九―一九八〇）が昭和二六（一九五一）年七月に、人類の将来に即応すべき宗教の真実の在り方を、禅としては極めて型破りな表現である『人類の誓い』という題名のもとで、広く一般大衆に向けて提唱されてから早くも半世紀以上がたった。明治の末に西田幾多郎の門下に身を投じ、昭和一四（一九三九）年に名著『東洋的無』を引提げて、覚の哲学を標榜してきた著者が一つ間違えると社会運動家が掲げる生ぬるい宣伝文句とも見謬まれそうな旗幟を翳して一歩もひるまなかった理由はどこにあったのであろうか。それはやや乱暴な言い方になるかも知れぬが、著者が覚本来の在り方として向下《げ》面の働きを重視したことに帰因するのではないかと思われる。

覚の成立については、未だ不覚の域に留まっている学人が、不覚である現在の自己の外に超越的に在ると誤認した覚の当体、即ち真仏をめざして勇猛心を起し、次第を追って完成化への段階を登ってゆくという向上の一路を辿ることが必要であり、したがって目的の達成は未来に実現されるという風に通常は了解されている。しかしこの場合には、覚を求めて精進する学人と、未修者の側から覚の対象と目され、且つ覚者そのものである仏とは自己と他者という関係において相い対しているることになり、両者の間に介在する無限の隔りを不覚の側からの自力修法だけで埋めることは到底不可能である。道元もそれを「外道の見」(『正法眼蔵辨道話』)と云っている。それゆえに、かかる錯誤を改めて、外に向わうとする超越の働きをすべて自己の内面へと収束し、さらに一切の働きを休息させて自己の根柢に集中するならば、そこに不断に現前している覚体の側からの働きかけが未修の自己に向下的に伝わって来るのであり、それは著者がしばしば用いる「啐啄《そったく》同時」の譬におけるの啄にあたる。鶏の雛が生まれる時には、卵の殻のなかで今にも生まれようとしている雛が内から殻をつつ(啐)くのと、生まれて来るのを援けようとして外から殻をつつ(啄)く親鶏の働きかけとが合呼応して、啐と啄とがまさしく一つの働きになるといわれる。丁度その場合と同じように、本来の自己である覚体の側からの向下面的還相面的な「めざめ」への働きかけに直面して、自らの心を無にして全開する時、そこで覚は現成し、その覚において本来一体である衆生と仏とが不二そのものとして現われ出ると考えられている。

禅以外の教宗の側においては、覚は始覚を経て本覚に到るまで数十段階の過程を経て、不覚の立っている時間上の現在から遥かに離れた未来に現前すると考えられているが、頓悟禅の立場では、覚は不覚に留まっている自己の根柢において不断に現在的であり、したがって覚は絶対現在と見做される。それゆえに覚の成立に当っては、前後という時間上の順序もなければ、穢土から彼岸へといふ空間上の移行もなく、また一切の存在が空却されているがゆえに能動と受動の区別もない。それは本来は覚者である者が、自らの働きによって、自らの内で覚者になる、という自内証の形を取る。したがってそこには覚する者と覚される者との差別もなく、ただ一なる覚そのものの現前が自証されることになる。もとよりその場合に向上面の働きがまったくの無意味というのではなく、それは覚への端緒を開き、求道心を燃焼させる推進力となるのであるが、しかし著者が坐禅とは身口意の三業で語ることのない「唯《ゆい》仏与《よ》仏の語り」（本書七二頁）、即ちただ仏と仏との不語なる語りと言うように、覚から覚へという形で、「真の黙」と一体となった「根源的な語り」において現前するところに覚の向下面があるといえよう。

更に著者は覚における向下面を重視する考え方を一段と進めて、本当の自己を知るということは自分一箇の自内証に満足するだけでなく、覚の現成が他の衆生に向って菩薩行的に働きかけてゆくことにならなければならないと言う。したがって「修行の出発点」には「『衆生無辺誓願度』ということのために修行する」ということ、「自利というものの前に利他がある」（本書一〇七頁）ということがなければならないことになる。自らの宗教的苦悩を脱却するということはすべての人間の「存在の根柢にニヒルが」巣喰っていることを知り、このような根源的ニヒリズムの次元からすべての人が陥る筈の「深い悩み」を自らの悩みとして承引し、「私自身がそういう悩みの主体」（本書二一頁）となるのでなければならない。そのような悩みは「他人と共同で背負う」という仕方では解決のつかない問題であり、自分がそれと一体となることによって知るという「主体的知」によらねばならないのであるから、「そういう知を持」っていて、「本当の知者」となることによって初めて慈悲の主体となりうる。しかし「悩みの主体」となるということは、その悩みを何か実在するものとして受取って、自らもただ受動的に耐忍びつつ存在している者となるということではない。悩みの根源をなす人間の生死的構造を透見した知の主体であるためには、悩みとは本来存在しないものであることを知り、個個の悩みからは一切脱却したところに立っていなければならないのである。

この点に関しては、著者はここでは触れていないが、丁度昭和二九（一九五四）年から翌年にかけて学道道場で提綱された『維摩七則』（VI所収）の「第五則　病」が聯想されよう。「居士が疾《や》む所は何等の相をかなすや」と文殊から問われて「我が病は形なし、見るべからず」と応答し得たが故に、維摩は自らの病の理由を「一切衆生の病むを以って是の故に我病む」と語っている。このように自己に「主体的知」が成立したことが他の人人にも求道心を起させる波及効果を産むのであり、このことは釈尊の成道の場合を想えば決して夢物語とはいえない。かくして覚は「還相行」（本書一三二頁）となり、「高い意味での菩薩行」として展開されねばならないといわれるとともに、禅的自覚はそのままで「無縁の大悲」といわれる深い慈悲の働きと一体化しているのだ、ということがしばしば強調されるようになった。

以上のように覚の本領が向下門的な働きの側に見出されることによって、自己の覚の現成が他者に目覚めを惹き起させる契機となるだけでなく、更に自他の間に覚の平等性が開かれることによって、共に「同胞」として差別なき結びつきの輪が拡ってゆくならば、覚は世界の形成力となりうるのであり、このように「宗教と歴史とが渾然と一つになっ」（II、三〇〇）てゆくことにおいて、自らの覚そのものも深化し、熟成することになると考えられよう。このような構図の下で現代における宗教の役割を見出そうとするならば、近代のように個人の精神生活の領域に限定することで以て満足しているわけにはゆかないのであり、やはり現代における人間の「全一的な悩み」（本書二一頁）に解決の指針を与えることが求められるであろう。著者が示した方策は極めて過激であって、人間の歴史を見渡して、近代以降の人類に負わされたさまざまな苦悩の根源は自国の利益のみを追求する国家至上主義にあると喝破され、国家イデオロギーを除去することこそ宗教の急務であるということが繰返えし熱烈に説かれている。その上で新しく在るべき禅の具体的な内容を示したものとして、『人類の誓い』が提唱されたのであるが、それは先に述べた「主体的な知」が人類的普遍の場を確立する根柢となるということに基づいており、「世界が道場だ」と、そして世界は「『人類の誓い』が誓われる場」（本書四九頁）となることを念願するからである。そのことについて著者は既成宗教の言葉を使って、「歴史が神の国の建設……あるいは仏国土の建立」（本書五〇頁）となってくることを意味すると主張している。

平成二（一九九〇）年に発生したベルリンの壁の崩壊とともに、著者が憂慮した米ソという二つの超大国が対抗し合い、人類が核戦争による破滅的な危機に立たされていた情況は一変したともいえる。しかしもはや双ぶべきものが消滅したほどの強大な軍事力をもち、自制心を失ったアメリカが唯一の「帝国」――藤原帰一『デモクラシーの帝国』（岩波新書）参照――と化して、全世界をアメリカの利益のために隷属させることを当然の権利として振舞っている現在においては、事態は遥かに悪化しつつある。自らの価値観のみを唯一絶対のものと信じ込み、これを他民族に強要することを正義と見做して疑わず、異常なまでに高められた自己愛のために驚くほど盲目となり、キリスト教すら国家権力に屈服させた観のあるアメリカを前にしては、多様性を包懐した普遍である「人類」とか「世界」という理念はまったく無力化したかの如くに見える。しかしこのようなアメリカの傲慢が自己認識の完全な欠如によって維持されているということは今や全世界に知れ渡っており、そのことは野卑な口調でやたらと神を持ち出す大統領の演説に接すれば立ちどころに明らかとなることである。すべての人種に開かれた自由の守護神たることを建国の礎としたが故に、全世界から富と文明を吸収してきたこの国の力は皮肉にも他国に戦争を仕掛ける度毎に際限なく膨脹し、その支配力がほとんど全世界を蔽い尽すにいたっており、それに伴って自らの意志に対立する他の国家の存立すら認めまいとする硬直した発言が威圧的に横行するようになった。

アメリカがグローバル・スタンダード（全地球的規範）を代表し、アメリカ即世界であるという狂信は一切の自己批判と対極をなすものであり、自らの上に「人類」もしくは「世界」という普遍的原理を置くことを拒否し、戦争そのものを産業化した巨大な勢力を前にして、地球上で他の民族が生き抜いてゆく希望を見出しうる唯一の道はやはり言論であり、智慧以外にはない。半世紀前に核戦争の危機が迫るなかで、「よくおちついて本当の自己にめざめ、あわれみ深いこころをもった人間とな」ることを「根本」（本書八頁）に据えて提唱された『人類の誓い』は今こそ全世界的に意味が認められるべき時節となったのであり、一見迂遠と思われる道ではあっても、「利己的な国家至上主義的な国家」に向って「人類平等の立場に転換する」（本書一九七頁）必要性を悟らせるためにも、存在感が増してくるのではなかろうか。このような「人類」的普遍を復権させる願いもこめて、このたび『増補久松真一著作集』第三巻より五篇の論稿を選び、『人類の誓い』をそのまま表看板にして刊行する運びとなったので、以下に各篇に関して、簡略に解説を加へることにした。

『人類の誓い㈠——その成立の由来——』

昭和三九（一九六四）年四月八日　於妙心寺山内春光院

四月一日から七日まで西田寸心居士の墓所である妙心寺山内霊雲院で別時学道が行なわれ、その間に『臨済録抄綱』（Ⅵ所収）の提綱が三回あった。別時終了の翌日ＦＡＳ協会二十周年記念総会が開催され、その席上で「挨拶」として話された際の記録が本稿である。『人類の誓い』という演題で行なわれた講演や提綱の原稿は全部で三篇ある。そのなかで本篇は他の二篇よりも十数年も遅れているにも拘らず㈠とされた理由については、上田泰治・東専一郎両氏による「後記」（Ⅲ、六八八）において説明されているように、丁度二十年前のこの日に定められた『学道道場綱領』との字句の上での繋りが詳しく述べられるとともに、『人類の誓い』成立の由来が説明されているからである。それと同時に両者の関係が極めて簡潔に規定されていて、『人類の誓い』は『綱領』における「絶対の大道」の具体的な内容を「はっきりと表へあらわれ」（本書五頁）させたものであり、「非常に深いもの」を「新聞でも読める人ならば誰でもわかる」ように「平易な」言葉で表わしたのが『人類の誓い』である、と表明されている。それとともにこの年は昭和三五（一九六〇）年四月一日に、ＦＡＳ禅の理念に基づいて「学道道場」から「ＦＡＳ協会」へと改称してから四年経過した後であったので、『人類の誓い』とFASとの関聯も簡潔に示されている。それによると「『人類の誓い』とFASというものとは、……全く内容上一つのもので、……最も簡潔な標語としましては、FASということになる。それの内容……を少し詳しく述べたというのが、『人類の誓い』ということになる」（本書一四頁）と述べている。『綱領』の要点、特に「絶対の大道」と「学究行取」との関聯については、著者自身が可成り深く論じているので、ここでは学道道場成立の事情と『人類の誓い』が産み出されるまでの経過について若干の説明を加えておくことにする。

太平洋戦争の帰趨はもはや如何ともし難くなり、当時の若者たちが死を覚悟しなければならなくなった昭和一八（一九四三）年に、京都大学で哲学や仏教学を専攻していた学生たちが仏教学の助教授であった久松先生を囲んで「京都帝国大学仏教青年会」を改組する話合いをはじめた。所謂「仏青」時代には真宗思想の研究や信仰が中心となっていたが、思弁的な学問を専攻して飽くまでも理性的思惟を貫くことを欲し、超国家主義的イデオロギーに眩まされることなく、差迫って来る死と主体的に対決することを決意していた当時の学生たちは坐禅と思索とを一致させる道を索めた。一年あまりの協議を経て、釈尊の降誕会である昭和一九（一九四四）年四月八日を期して「学道道場」を発足させたが、それに先立ち、師弟が相談し合って活動全体の根本方針を取決めることになり、その中から自ずと会の名称と『綱領』が定まったのである。やがて敗戦を迎え、昭和二一（一九四六）年三月に著者は教授に昇任したが、その頃から学外の人を会員として受容れることになり、昭和二三（一九四八）年には会の名称から「京都大学」という文言を抜いて単なる『学道道場』と改称し、社会人や女性も入会できるようになった。翌る年の六月には久松先生が京都大学を退官され、直ちに花園大学教授となられたが、夏休みに入ってから地方のお寺などを会場として、一般大衆を相手に講演旅行を熱心に行なっている。それまでと違って学術用語に不案内な人々に向って分りやすく話を工夫する必要に迫られたためか、水泳を例にとって人間を四通りか五通りの類型に分け、それに当嵌めながら西洋の思想を段階毎に説明したのち、真宗やキリスト教のように信仰を本質とする宗教を批判して、覚の立場こそ仏教本来の在り方であることを示す、という順序で話が組立てられることが多くなった。

久松先生がいつ頃から『学道道場綱領』を平易な表現に改めることを意図されるようになったかは判然としないが、昭和二五（一九五〇）年四月八日に行なわれた『学道道場創立記念日に際して』という「挨拶」において、道場が結成されてから七年目を迎えたというのに、「綱領第一条の『絶対の大道』というこの初関……が、具体的にははっきりと把握されているとは」（Ⅷ、三七六）言えないと厳しく訴え、その「具体的内容」とは「道場の衆議によって決めるべきもの」（Ⅷ、三八三）と述べている。その上でそれに引続いて「綱領の具体的内容……を決定する機関を、道場の内に作り……、其処でこれを決める」ということが提案されているので、正式にはこの時から始まったことになるのではなかろうか。それから五月には南禅寺山内天授庵において『人類和線の論理』（Ⅲ所収）という講演をされ、米ソの対立にふれて「国家至上主義」もしくは「国家利己主義」（四二五）を「世界平和の癌」（四二三）と断じて、最後には「本当の平和」は「智体悲用」（四四二）でなければならないと主張している。そしてこの考えに基づいて、「人類和線」を形成してゆくためには、「人間が『本当の自己』を自覚して、お互いに『あわれみ深い心』をもって『手をとりあって』、本当の人間の在り方にかなった世界を創らねばならぬのであります」(四四㈢)と述べている。ここで『人類の誓い』に含まれることになる語句が三つも括弧付で使われているところを見ると、『人類の誓い』の全貌は既にかなり出来上っていたのではないか、と思わざるを得ない。

北原隆太郎氏の記憶によると、『人類の誓い』を作成するための特別委員会の主要メンバーは上田泰治、三村勉、北山正廸、阿部正雄の各氏であり、大体一年くらいかかって文案を何度も検討したが、常にその中心となって論議をリードしたのは上田泰治氏であったとのことである。この点については湖海昌哉氏も首肯しており、湖海氏の手控えによると、「よくおちついて本当の自己にめざめ」という冒頭の一句は久松先生が提言され、これに対して上田氏が宮澤賢治を思わせる口調でとても良いと応えて、直ぐにこれにきまったということである。それから「誓って人類解放の……」の頭のところが「誓って」にきまるまでは、「必ず」とか、いろいろな案が出たが、上田氏が「誓って」と提案し、これに久松先生が大いに賛意を表明して、これにきまったということであった。『人類の誓い㈢』において、著者が「この『人類の誓い』の含んでいるその含みというものは、これは道場と致しましては八年来も、道人の多数によっていろいろの立場からして批判もし検討もし、またその実究もして来た、いわば『学究行取』して来たものであります……』(本書四五頁)と語っているのは、今述べたような「特別委員会」での検討や、またそれ以外の会員の発言なども含めて、具体的な事実に裏づけられた述懐といえよう。

『人類の誓い㈡——開かれたる道場へ——』

昭和二六（一九五一）年七月一日　於京都市労働会館

本篇は場所は寺町四条下ルという市井の真只中で、しかも宗教否定の象徴のごとき労働運動の拠点である殺風景な建物の中で開催された講演会での記録である。これまで禅門の古刹か大学の建物を利用して活動をつづけてきた学道道場としては極めて異例な方針を打ち出したのであるが、これも禅堂という静寂な空間に「閉じられた道場から開かれた道場へ、世界人類の道場へという念願」に基づいて、「世界に足場を持った道場」たらんとする決意の表現であったと思われる。そうしてこのような考え方の基礎をなすのが『人類の誓い』にある「あわれみ深い心」であり、それ故に「道場の『誓い』は単に私ども道場の誓いであるだけでなくして、どこまでも……『人類の誓い』である」（本書三四頁）と語られている。更に引きつづいて「戦争の原因」をなし、「人類を脅かす根本のもの」（本書三七頁）といえる国家至上主義を痛烈に批判して、「人類全体の立場に立つ」（本書三六頁）ためには、国連などのように「現在の国家機構の上に立って……国家を批判しそれを超えてゆこうというやり方」（本書三七頁）、つまりインターナショナルな行き方ではだめで、「トランスナショナル、あるいはスープラナショナルというものになってはじめて、本当に国家を超えるということになって来る」（本書三八頁）と吐露されている。

なお講演中で語られた一句が無用の誤解を招くかも知れないので、多少の補足をしておきたい。それは米ソ「二つの強国の対立関係」を論じている条で、日本の政治家に向って「日本を朝鮮のようにしないように」（本書二二一頁）と要求している箇所である。しかしこの発言は、「朝鮮」は戦乱の巷となってもいいが、日本だけは平和であってほしいというような身勝手なことを望んでいたわけではなく、当時保守と革新に分断されていた日本の政治家たちが二大超大国の一方に加担して、日本の国家や民族を塗炭の苦しみに追込むような愚挙に馳らないようにと要求しているのである。この講演が行なわれた日は、ほぼ一年前の昭和二五（一九五〇）年六月二五日に朝鮮戦争が勃発し、激しい攻防を繰返して荒廃の限りを尽した果に漸く休戦交渉に入ろうとしていた頃であった。この戦争は第二次世界大戦が終って世界に漂っていた平和への希望を打砕いた悲惨なものであったが、『人類の誓い』の文案が特別委員会で練られていた時期と丁度重なっていた。この会に一番若い委員として加わっていた北原隆太郎氏によると、久松先生は戦争の惨禍から何とか人類を救わねばならぬという悲願を絶えず口にされたとのことである。このように己事究明を世界人類に対する「あわれみ深い心」に直結させる発言は多くの禅思想家の意表を衝くものといえ、宗教家としても極めて勇気ある決断であった。更にそのほかに久松先生が「朝鮮」に対するいわれなき差別意識とは無縁であったばかりでなく、むしろ熱い共感の情をもっておられたことを示す例を挙げておきたい。北原東代氏によって作成された「年譜」（講Ⅳ、四六八）を見ると、昭和一三（一九三八）年に臨済学院専門学校（現、花園大学）に在学していた朝鮮出身の僧学生に親身な指導をしておられたことが誌されている。そしてその時の学生の一人で、後年韓国禅宗界で指導的な地位につかれた西翁禅師が岐阜に隠棲しておられた久松先生を訪問され、禅師の著書『臨済録』に序文を書かれたことなどが『著作集第九巻』の「後記」（六四六〜六五二）に詳しく載っている。このような親密な結びつきを保っておられたのであるから、朝鮮半島の命運に対しては人一倍深い憂慮を寄せておられたことは疑い得ないのである。なお「朝鮮」という呼称は『史記』や『山海経』に見出される由緒正しい表記であり、「朝日の美しい国」を意味していた。

当日は久松先生のほかに、会員の阿部正雄、溝上泰子、西谷得宝の三氏も演壇に立ち、一般市民の来聴も多く、五時間を超える盛会であった。なお『人類の誓い㈡㈢』はともに当時は横井姓を名乗っておられた柳田聖山氏が克服に筆録されたもので、本稿は『風信』第三号（一九五一・八・一二）と第四号（一〇・二九）の二回に亘って掲載された。

『人類の誓い㈢――智体悲用――』

昭和二六（一九五一）四・一〜昭和二八（一九五三）二・二

於妙心寺山内霊雲院（別時提綱）および北野選仏寺（平常道場提綱）

本稿は『増補久松真一著作集』第三巻の「後記」において名づけられているように、『人類の誓い』に対する「逐条提綱」であって、本文を一条ずつ採上げて、老婆心切を尽した説明が行なわれている。以下に各条毎の日付と提綱の場所を示すことにする。

(0)　まえおき……（昭26・10・1）選仏寺
(1)　私たちはよくおちついて本当の自己にめざめ㈠〜㈥……（昭和26・4・1、5、7および
　同年12・11、14、15、17）霊雲院
(2)　あわれみ深いこころをもった人間となり㈠〜㈢……（昭27・1・27、2・11）、選仏寺
(3)　各自の使命に従ってそのもちまえを生かし……（昭27・月日不詳）選仏寺
(4)　個人や社会の悩みとそのみなもとを探り㈠〜㈢……（昭27・6・16、7・7更に一回）選仏寺
(5)　歴史の進むべきただしい方向をみきわめ……（昭27・月日不詳）選仏寺
(6)　人種国家貧富の別なくみな同胞として手をとりあい……（昭27・月日不詳）選仏寺
(7)　誓って人類解放の悲願をなしとげ㈠〜㈡（年月日不詳、但し『風信』14号（昭28・6）に掲載
　されている）提綱場所不詳
(8)　真実にして幸福なる世界を建設しましょう……（昭28・2・2）選仏寺

提綱日と場所の不明な場合が数条含まれており、多少記録がはっきりしない点も残るが、もはや追跡は不可能である。著作集の「後記」によると、提綱の総回数は「前後十七回」となっているが、(1)から(8)までの節の数を合計すると十七節となり、それに(0)を加えると十八回となることが考えられる。その上(1)には六節しかないのに、開催日としては七回の日付が与えられている。しかし本文を読んでも内容上途切れている節はなく、また一度の別時に四回も提綱があったとは考えにくい。また(4)は具体的な日付は二回しか挙げられていないのに、節は三つに分れている。このようなとこ

ろから、総計十九回ということもありえよう。

さて『人類の誓い㈢』には「智体悲用《ゆう》」という副題がつけられているが、あまり耳慣れない言葉なので、少し説明しておくことにする。「体」とは本体、究極の実在、真如等を意味し、「用」とは衆生に対するその働きかけを指し、仏教では両者を相関関係に置いて論ずることが一般的に行なわれている。したがって「智体悲用」といえば、一切皆空を了達した智慧、即ち覚そのものを体とし、慈悲を用としていることになる。⑵の㈠において、久松先生はこの言葉を「私の好む仏教の言葉」（本書五七頁）であることを明らかにして、具体的には『人類の誓い』の初端で唱えられる「『あわれみ深いこころ』をもった働きをする本当の自己」を指しており、「これこそ『絶対の大道』」といわれている。また⑶の㈠においても「無倦の大悲」とキリスト教の愛との違いに触れながら、「覚……つまり智というものが一番根底になり……、その智と……慈悲……とが不可分に伴っている」ことを「仏教では『智体悲用』という」（本書一一五頁）と述べている。したがって「智体悲用」とは『人類の誓い』と、これに先立つ『学道道場綱領』の根本精神を僅か四文字に圧縮した形で表現したものといえる。

「智体悲用」という言葉がいつ頃から使われるようになったかは判然としないが、昭和二四（一九四九）年九月、愛媛県下を講演旅行した際に、大洲市の公会堂で行なった『人間の真実存』という講演のなかで、生死を脱して覚を主体とした究極の「仏教的人間像」が「智体悲用」と特色づけられ、この智は「絶対無的主体の自覚」（Ⅱ、二九七）であると強調されている。「悲用」については、この講演のなかでは「仏国土の建設」（II、二九九）が相当するのではないかと思われる。次の会場だった川之江町の吉祥寺で行なわれた『絶対無的主体の絶対有的妙用』という講演においては『教行信証』の「証巻」に独自な解釈を施すことによって、慈悲とは私が「滅度的主体」となって、迷いのゆえに「本来あるものでない」ものとなっている衆生を「本来のものにして行く」（II、三七五）ことであり、「還相行」を意味すると説いている。このような考え方は本稿においてもそのまま承け継がれており、「一切皆空」を基礎にして「無縁の大悲」という観点に立つならば、もはや「救うとか救われるということは、本来の処では無い」（本書一一一頁）事なのであり、したがって弥陀の慈悲も受動的に受取られるべきものではない。仏教本来の立場からいえば、むしろ「愛の絶対能動性」（II、二九五）に徹して、われわれ自身が「慈悲の主体」（II、三七〇）とならねばならないのであり、「よくおちついて本当の自己にめざめ、あわれみ深い心を持った人間となる」ということは「皆が弥陀になるということであります」（本書一二五頁）と、一見極めて破天荒なようで、実は首尾一貫した結論を下しているのである。

『FASについて』

昭和三三（一九五八）年一〇・五　於妙心寺山内東海庵

本篇は、十ケ月におよぶ世界行脚から帰国して、三ケ月近く静養された後に学道道場臨時総会を開き、「挨拶」という形で話された時の記録であるが、翌年の四月一日に発行された『風信』第三八号の別冊という形で、三月二八日付で発行されている。その時には『道場の新しい基本線としてのFASについて』という標題になっていた。日本もしくは東洋が世界人類の立場に立っていかなる使命を果し得るかについては著者が戦前から考えてきたことであり、そのことは主として『著作集』第一巻に収められた諸論攷からも明らかである。しかしロックフェラー財団の援助を受けて、アメリカ、ヨーロッパ、中近東からインドを廻ったほか、ティリッヒ、ブーバー、R・ニーバー、マルセル、ブルトマン、ハイデガー、ユングなどと対談を行なった結果、著者が兼ねてから包懐していた構想が「世界へ打ち出すことの出来るものであるという」（本書二一九頁）確信を得て帰ってきたということが本稿において決然と闡明されている。それは「人間構造の三つの方向」としての「F・A・S」ということである。Fとは"To awake to Formless self"（形なき自己にめざめる）の頭文字であり、Aとは"To stand on the standpoint of All mankind"（全人類の立場に立つ）のAであり、Sとは"To create Superhistorical history"（歴史を超えて歴史をつくる）のSである。従来の東洋の伝統においては、Fは深く究明されてきているが、A・Sとの関聯がはっきりしていない。しかし今日においては、本当のFの在り方としては「三つの方向が本来一つであるような立場に立って……働いて行く」（本書二二二頁）ことが求められている。したがって道場もF・A・Sということを「体」としてゆかなければならないのであり、そのためには「道場の『坐』……は、FASの三次元に即応した坐」（本書二三二頁）となるように工夫しなくてはならない。曹洞宗では只管打座、臨済宗では公案が批判の余地のないものとなっているが、「道場はこれらをも批判して、新しい宗教的方法を確立してゆかなければ」(本書二三二頁)ならない。このような方針を貫くために学道道場は改組して「FAS協会」と呼称することにし、FASの三次元を含んでいることを明確にするために、伝統的な禅と区別して「FAS禅」と命名することにしたい。以上の考え方をこれからの道場の基本線として、新しい出発としたい、という風に強く決意を表明されたのである。

『現代の課題とFAS禅』

昭和三八(一九六三)年一一・二五　於京都大学楽友会館講堂

本稿はFAS協会主催の公開講演会における講演記録である。当日は「開会之辞」を辻村公一氏が述べた後、まず北山正廸氏が「漱石文学における禅思想」という題で話をした蹤を承けて、久松先生が登壇され、最後に「閉会之辞」は東専一郎氏が担当した。会は夕刻六時から始まり、約二百名の来聴者が堂に満ちて盛況であった。最初に、本当の禅とは自己(F)、世界(A)、歴史(S)という「三つの在り方に対して解決を与えるものでなければ」(本書二三九頁)ならないと語った後に、この三つの方向が西洋においてはどのような構造において展開されたかを、中世と近世とを対比させながら考察している。中世はセイズム(有神論)の立場であって、人間の自己、世界、歴史は「神の掟、神の法則」に拠って成立している。それ故に自己は神に依存することによって存在し得ているのであって、「それ自身の法則」や「独立性」(本書二四〇頁)をもっていないことになるから、他律的存在と言わねばならぬ。しかしその他律とは絶対者である神であるから、「神律」ということになる。また世界も歴史も「神に依存して初めてそこに存在の価値」があることになる。このように人間の知力に超越的な神に対して人間が「関わりを持つ」ことができるのは「ただ信仰」によるほかはない。これに対して、中世の「神中心主義」（本書二四二頁）から脱却して、「人間中心の在り方……に転換された」（本書二四三頁）のが近世であり、そこでは人間は「人間の自力」（本書二四一頁）にめざめ、「自律」つまり人間が「自分を支配する法則……を自らが律する」ということを可能にした。「覚」の成立を「自律」とのアナロジーにおいて説く著者にとっては、神の支配から解放された「ヒューマニズムの時代」の訪れは「素晴らしい発展」（本書二四二頁）と評価された。したがって「現代の文明……はこの人間の自律性の自覚……が一番根本になっている」といえるが、他方において、現代という「ヒューマニズムの時代において」は「近世……が経験しておりますす人間の自律」が「本当に窮極のものであるかどうか」（本書二四三頁）ということに関しては再び反省の必要があるのではないか、という風に問題提起を行なっている。

近代が逢著したディレンマに関して、著者は「ヒューマニズムの根柢をなす……理性的自律」（本書二四七頁）には解決が不可能であり、「人間そのものの絶望」（本書二四八頁）にまで導くような難問があると述べ、その絶望の本になる「人間の根本の壁」（本書二五三頁）を以下のようなところに見出している。即ち、人間の在り方においては「死と生……は不可分であり、生と死……がそこでは永久に対立して」（本書二五〇～二五一頁）いる。そしてそういう在り方を著者は「生死的」と規定し、そのことをどうしても乗り超えることのできない「人間そのものの構造」と呼んでいる。

しかしここで語られた「生死的」という概念は西洋哲学にはまったく馴染まないものであって、仏教から導入された久松先生独自の概念であるため、西洋的思惟に習慣づけられた側から見れば非論理的な言表と映るかも知れないので、若干の補足をしておきたい。

プラトンの『パイドン』においては、現実の人間は霊魂と肉体との合成体であるが、霊魂が生命の原理をなしているから、霊魂が去った肉体は生命体としての統一を失って死を招くと語られている(64C～68B、70C～71C)。肉体との混合情態から抽出され、純粋となった霊魂は永遠な生命の担い手であり、完全な理性認識の主体となる。したがって肉体から霊魂を最大限に分離し、肉体的意味では死を完成させること、即ち死の練習が真正な哲学を成立させる条件とされている。このようにして組立てられた「死の問題」的視法のもとでは、生と死、霊魂と肉体、存在と非存在、永遠と時間、価値と反価値といった反対概念の組合せはすべて反対関係において規定され、相互に可分的なものとして結合されている。そして一方の肯定は必ず他方の否定となるから、一方を否定すれば必然的に他方への移行が生ずる。それ故に、それ自身においては死である肉体を否定すれば必然的に霊魂から一切の肉体的要素を除去して、それ自身においては完全な生である純粋な霊魂となり、死から生への移行が完成されることになる。このような思考法を著者は夙に名著『東洋的無』において「有の論理」(I、三二)と名づけていた。「有の論理」を支える上述の対立項を嘗て著者によって主張された「無の論理」の側から捉えるならば、すべて「不可分」なのであり、どこまで行っても「二律背反的」であることから脱け出すことがないから、そこに介在する矛盾は「移行」という方法によっては解決できない。このようないわば宿命的な二項対立的構造を適確に表現するために、「生死的」という術語が工夫されたのである。

著者の見地に立つと、「近世的ヒューマニズム」は「人間の根本構造というものに気づかないで」（本書二五二頁）、「生死的である人間」を「死を克服して生へという方向に追究してゆく」という「永遠に不可能なこと」を目指していて、「悪無限」に陥らざるを得ないことになる。更に同じことは「存在……と非存在……との対立」（本書二五三頁）や「価値反価値」（本書二五四頁）の対立の場合にもある。このような根本構造に根ざした「究極のニヒリズム」が「人間のあるいは世界の根本宿命」（本書二五五頁）をもたらす因となっているのであるが、「本当の宗教」は人間にそのような「根本宿命……を脱却する」、或いは「その病気を治療する」ことを可能にするものでなければならない、という風に述べている。以上のごとき著者の近代に対する根本的な批判は、真の覚が現成するためには理性的自律に立脚した近代的人間が自らの内なる二律背反的構造を更に自己批判して、近代の後に出来《しゅったい》すべき次の時代にふさわしい新たな自律の確立を求めることになる。本稿においては著者はまだ「後近代」とか「ポストモダン」という言葉を語るには到っていないが、本稿の四年後に書かれた『悟り——後近代的（Post-modern）人間像』（II、三三五〜三四五）においては、FAS的覚の特性が後近代に結びつけて論じられている。しかし上述したような錯綜した問題を十分に取扱うためには当日は時間的な制約があって、久松先生と雖も必ずしも委曲を尽してはおられない。関心を懐かれた方は『著作集』第二巻に収録された『絶対危機と復活』という雄篇をお読みいただけると幸いである。

附記　今回の「後記」においては、本書に収録された以外の久松先生の著作からの引用はすべて『増補久松真一著作集』（法藏館刊）から行ない、括弧内のローマ数字で巻数、漢数字で頁数を示した。また『久松真一仏教講義』（法藏館刊）からの引用には、ローマ数字の上に「講」の字をつけることにした。

川﨑幸夫

久松真一（ひさまつ　しんいち）

1889年岐阜市に生まれる。1915年京都大学文学部哲学科卒業。同年妙心寺の臘八大接心に参禅。19年臨済宗大学(現、花園大学)教授、翌年より仏教大学(現、龍谷大学)講師を兼任、29年同教授。37年京都大学文学部助教授に転じ、宗教学・仏教学を担当。46年教授、文学博士。この間、41年心茶会を創立、44年学道道場を結成し、これを60年にFAS協会と改称。49年京都大学を退官。花園大学教授を経て、52年京都市立美術大学教授となり、63年三たび花園大学教授となる。80年逝去。
主な著書は、『東洋的無』(弘文堂、39年)、『起信の課題』(同、47年、のち理想社、83年)、『絶対主体道』（弘文堂、48年)、『茶の精神』（同、48年)、『禅と美術』（墨美社、58年)、『久松真一仏教講義』全４巻（法藏館、90～91年)、『増補久松真一著作集』全９巻・別巻１（同、94～96年）など多数。

人類の誓い

二〇〇三年六月二五日　初版第一刷発行

著　者　久松真一
発行者　西村七兵衛
発行所　株式会社　法藏館
六〇〇-八一五三
京都市下京区正面通烏丸東入
電話　〇七五-三四三-〇〇三〇（編集）
〇七五-三四三-五六五六（営業）

印刷・製本　日本写真印刷株式会社

ISBN4-8318-3820-9　C1010